1212l.

DEFENSE

D. 1353.

DE
SAINT AUGUSTIN.

Contre un livre qui paroît depuis peu sous le nom de M. de Launoy, où l'on veut faire passer ce saint Pere pour un Novateur.

Par le Pere GABRIEL DANIEL, *de la Compagnie de* JESUS.

A PARIS,

Chez NICOLAS LE CLERC, ruë saint Jacques, proche saint Yves, à l'Image saint Lambert.

&

Chez JACQUES JOSSE, Imprimeur-Libraire, ruë saint Jacques, proche saint Yves, à la Colombe Royale.

M. DCCIV.

AVEC PRIVILEGE DU ROY.

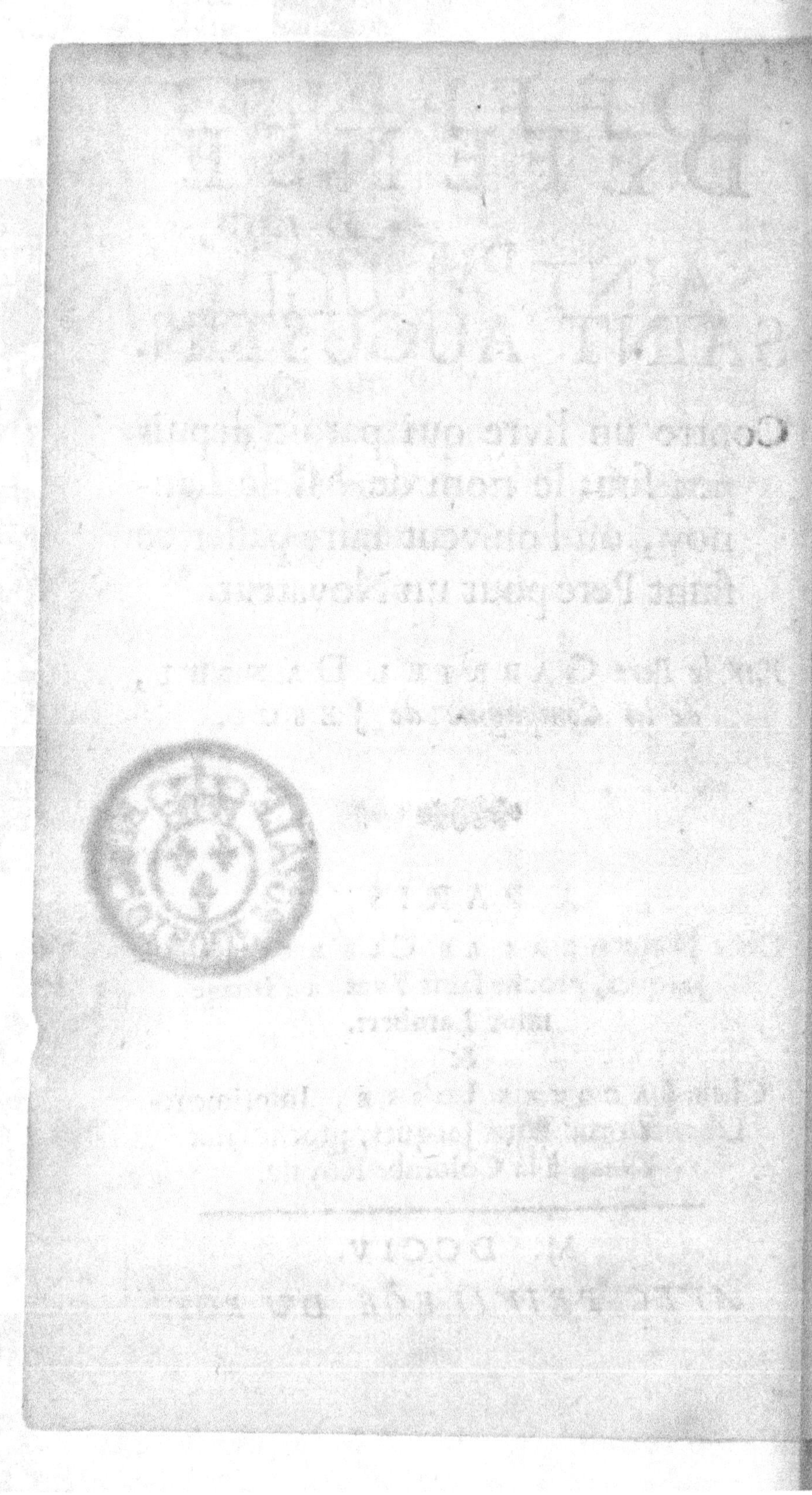

A MONSEIGNEUR

PAUL GODET

DES MARAIS

EVEQUE DE CHARTRES.

ONSEIGNEVR,

Estant aussi zelé que vous l'estes pour la veritable doctrine de saint Augustin, & contre celle que les Novateurs luy attri-

buënt faußement, j'ay crû ne
vous pas faire un prefent defa-
gréable en vous dédiant un Ouvrage, où je tâche de démefler l'u-
ne d'avec l'autre. Je ne pouvois,
MONSEIGNEUR, ayant
à plaider la caufe de ce grand
Docteur de l'Eglife pour defen-
dre l'integrité de fa foy, faire
comparoître fon nouvel Adver-
faire devant un Juge plus intel-
ligent que Vôtre Grandeur,
fur tout dans les matieres dont il
s'agit, & que vous poffedez fi
parfaitement. Entre plufieurs
preuves que vous en avez données, MONSEIGNEUR,
en tant d'occafions, vôtre derniere Ordonnance en eft une recente,
à laquelle tout ce qu'il y a de fin-

ceres Catholiques en France ont
applaudi. La doctrine, la solidité, l'éloquence s'y trouvent soû-
tenuës de ce Zele Pastoral qui
vous anime ; & si ceux qu'elle
regarde ne se rendent pas aprés la
lecture d'un tel Ouvrage, il faut
dire que leur entêtement & leur
opiniâtreté sont invincibles. Quel
avantage pour l'Eglise d'étre dé-
fenduë par un Prelat, qui unit
dans sa personne la capacité pro-
portionnée à ce rang sacré, avec
toutes les autres qualitez Episco-
pales ! avec cette modestie qui n'a
jamais souffert la moindre dimi-
nution par le credit & par la faveur ; avec cette regularité constante, à laquelle la critique la
plus severe & la plus clair voyan-

te n'osa jamais toucher ; avec ce
soin & cette vigilance qui vous
appliquent tout entier au gouver-
nement de vôtre Diocese, & si
souvent aux dépens d'une santé
aussi foible & en même temps
aussi prétieuse que la vôtre ; Enfin, avec cette ardeur infatiga-
ble pour maintenir par tout la pureté de la foy dans un temps où elle
est si violemment & si artificieu-
sement attaquée. Ce sont-là les
fruits d'une vocation à l'Episco-
pat qui fut toute de Dieu, dans le
tems que vous ne pensiez qu'à demeurer caché dans un Seminaire
pour vous y sanctifier. C'est ce
qui vous a merité l'estime & la
confiance du grand Monarque
qui nous gouverne ; c'est ce qui

EPITRE.

vous fait reverer de tous vos Diocesains : & c'est encore ce qui fait infiniment priser à nôtre Compagnie la bonté dont vous l'honorez, & ce qui me remplit moy-même en particulier de cette profonde veneration avec laquelle je fais profession d'être,

MONSEIGNEUR,

De Vôtre Grandeur
Le tres-humble & tres-
obeïssant serviteur,

G. DANIEL
de la Compagnie de JESUS.

PREFACE.

SI l'on s'en rapporte au titre
du scandaleux ouvrage que
j'entreprens de refuter ; il est
de feu M. de Launoy Docteur
de la Maison & Societé de Na-
varre. M. Simon dés l'an 1700.
en fit paroître la Preface parmi *ses lettres choisies ou anecdotes de
litterature*, imprimées à Amster-
dam, telle qu'elle vient de re-
paroître à la tête du livre, & il
attribua l'un & l'autre à ce Docteur, sans hesiter. Je ne pretens point entrer dans la discussion de ce fait, non plus que
dans l'examen de cet autre ;
sçavoir qui à mis au jour cet
ouvrage , dont M. Simon dit
encore dans sa trente & unié-
me lettre, qu'il y avoit plusieurs

copies manuscrites, & qu'il en avoit une d'un des disciples de M. de Launoy.

Pour le premier fait, il me suffit d'avoir indiqué le livre de M. Simon, où ce point de critique est traité ; pour le second, il regarde le Tribunal de la Police ; & je n'ay garde de m'arrêter à refuter certains soupçons & certains bruits répandus dans le public, avec autant de malignité que de peu de vray-semblance, & qu'on n'a pas laissé de faire passer jusqu'aux personnes du plus haut rang.

Quoi-qu'il en soit, en lisant ce livre, je fus également surpris & scandalisé de la maniere insolente, dont l'Auteur y parle de saint Augustin ; car sans garder aucun ménagement, il l'y traite de Novateur, en parle comme du chef d'un parti for-

mé, pour abolir l'ancienne doctrine de l'Eglise sur la prédestination & sur la grace, & luy
attribuë les heresies les plus
grossieres.

On voit bien que cet homme,
à l'occasion des differens qui
partagent depuis long-temps
l'Ecole & l'Eglise, a voulu se
faire honneur d'avoir trouvé
comme un milieu entre les deux
partis, en donnant gain de
cause à l'un sur un point, & à
l'autre sur un autre point. Selon
luy la doctrine des Prédestinatiens, de Luther, de Calvin &
des autres Novateurs sur la prédestination & sur la grace, a
été justement proscrite, parce
qu'elle est contraire à la Tradition des quatre premiers siecles
de l'Eglise ; & voilà ce qu'il
a jugé par son Arrest aux Theologiens Catholiques, qui ont
combattu ces pernicieuses er-

reurs : mais, selon luy-même, cette doctrine toute condamnable & toute condamnée qu'elle est, est celle de saint Augustin, & c'est-là ce qu'il accorde à tous ces Heretiques, ausquels il pretend que ce saint Pere à donné l'exemple sur ces sortes de matieres, de s'écarter de la Tradition des quatre premiers siecles. C'est de cette maniere qu'il a entrepris de terminer ce procés aux dépens d'un saint Docteur, dont le nom à toûjours été & sera toûjours infiniment respectable dans l'Eglise ; & que par cette raison les Heretiques dans tous les temps ont voulu avoir dans leurs interests.

Les Docteurs veritablement Catholiques ne leur ont jamais accordé cet avantage : au contraire, ils le leur ont toûjours disputé, & sur des titres incon-

teſtables. Ils en ont toûjours
jugé, toûjours parlé, toûjours
écrit ſuivant cette idée depuis
le cinquiéme ſiecle juſqu'à cette année, que l'Auteur de la pre-
tendüe *veritable tradition de l'E-
gliſe ſur la prédeſtination & la grace,*
homme orthodoxe, ſi nous l'en
croyons, eſt venu nous debiter
ſes idées particulieres là-deſſus
dans un livre fait exprés. C'eſt-
là que faiſant une vaine parade
de ſa fauſſe érudition, il nous
repreſente ſaint Auguſtin à la
tête des Prédeſtinatiens, d'un
Goteſcalc, d'un Luther, d'un
Zuingle, d'un Calvin, & des
Novateurs du dernier ſiecle : &
qu'avec de tels ſeconds, il luy
fait combattre de toutes ſes
forces la doctrine que les Apôtres avoient tranſmiſe aux fidelles, par le canal des ſaints
Peres durant quatre ſiecles.
Mais ce qu'il y a en cela de plus

bizarre, c'eſt qu'en faiſant faire un tel perſonnage à ce grand
Docteur de l'Egliſe, il luy donne à chaque page la qualité de
Saint, au lieu que ſi ce qu'il luy
attribuë étoit vray, il n'en meriteroit point d'autre, que celle
de premier Hereſiarque ſur les
matieres de la prédeſtination
& de la grace.

L'indignation que ce libelle
m'inſpira, me fit interrompre
un ouvrage, qui m'occupe depuis pluſieurs années, pour re-
voir les reflexions que j'ay faites autrefois, ſur les écrits de
ce ſaint Docteur, dans le tems
que j'étois employé à la Theologie, & m'engagea à le venger de l'outrage qu'on oſe luy
faire aujourd'huy. Je croy n'a-
voir pas tout-à-fait mal réüſſi
dans la défenſe d'une ſi bonne
cauſe.

J'y prouve d'une maniere

évidente , ce me semble , la
conformité de la doctrine de
saint Augustin avec celle des
Peres des quatre premiers siecles , touchant le libre arbitre,
la préd stination & la grace,
en ce qui concerne la foy. J'y
examine a fond , en traitant de
la doctrine de ce Saint sur le
libre arbitre , ce que c'est que
cette necessité de pecher dans
l'état de la nature corrompuë,
qu'il a si fortement soutenuë
contre les Pelagiens ; & je montre que ce qu'il a pretendu établir en cette matiere , est un
dogme incontestablement Catholique.

En faisant la discussion de ses
sentimens & de ses expressions
sur la grace , pour le défendre
contre la seconde calomnie de
l'Auteur du libelle , qui l'accuse d'avoir enseigné que la
grace fait agir necessairement

la volonté de l'homme, j'entreprens de le justifier, principalement sur les deux fameux
chapitres onziéme & douziéme
du livre *de la correction & de la
grace*, dont le nouvel Auteur
fait son fort ; & pour mettre
plus en état les lecteurs de juger de la solution que je donne
à cette grande difficulté ; j'ay
traduit dans mon ouvrage ces
deux chapitres entiers, à quelques petites digressions prés,
qui ne servent de rien au fond
de la question.

Dans le troisiéme chapitre
j'examine la doctrine de saint
Augustin sur la prédestination.
Je prens pour cela deux regles ;
la premiere, sont les erreurs
qu'il combattoit ; la seconde
sont les deux livres que le saint
Docteur a composez exprés sur
ce sujet ; c'est à sçavoir le livre
de la *prédestination des Saints*, &

celuy *du don de la perseverance.* Je montre à quoy il reduit la foy de l'Eglise là-dessus, & que ce qu'il enseigne à cet égard, ne peut-être nié sans erreur, & sans détruire la creance des quatre premiers siecles, comme il le prouve luy-même.

Je me propose sur cela quelques difficultez prises de diverses propositions incidentes, que saint Augustin a quelquefois avancées dans ses disputes contre les Pelagiens, & sur tout de celles où il paroit restraindre aux seuls prédestinez, ces paroles de saint Paul, *Dieu veut que tous les hommes soient sauvés. Jesus-Christ est mort pour tous :* & je montre que dans le sens que saint Augustin à donné à ses propositions sur ce sujet, il n'a rien dit que de tres-catholique.

Dans le dernier chapitre, je
remarque

remarque plusieurs méprises de l'Auteur, premierement sur les dogmes Theologiques, & principalement sur celuy de la prédestination. C'est là que je tâche de démesler en peu de mots, ce qui est de la foy sur cette matiere, & ce qui n'en est point, & que je montre avec combien peu de discernement l'Auteur du libelle à pensé & parlé sur cette matiere. Je fais voir qu'entre les erreurs qu'il attribuë à saint Augustin, il met des dogmes & des expressions reconnuës pour tres-catholiques par tous les Theologiens, & que personne n'a jamais eu des idées plus confuses sur ce sujet que cet homme, qui nous promet dans sa Préface, de nous apprendre là-dessus la veritable doctrine de l'Eglise.

Secondement, je fais observer diverses fautes qu'il a faites

en matiere d'histoire dans un
sujet, dont il devoit s'être parfaitement rempli, avant que de
le traiter : qu'il ne sçavoit point
du tout la chronologie des ouvrages de saint Augustin ; qu'il
parle avec beaucoup d'ignorance des personnes ausquelles
ces ouvrages sont adressez, ou
qui y ont donné occasion, ou
desquelles il y est fait mention ;
que rien n'est plus contre le
bon sens que de citer Origene
& saint Jerôme pour la tradition pretenduë contraire à saint
Augustin ; parce que le premier
a toujours été regardé comme
un des Auteurs de l'heresie Pelagienne, & que le second a
combatu cette heresie de concert avec saint Augustin par les
mêmes principes, par les mêmes argumens, par les mêmes
passages de l'Ecriture ; que les
Pelagiens ont traité saint Jerô-

me, comme ils ont fait saint
Augustin, de Manichéen, de de-
structeur du libre arbitre; &
que ce Saint a donné des ap-
probations solemnelles à la doctrine de saint Augustin, aprés
avoir lû ses livres, dont une
grande partie étoient composez avant qu'il mourût.

Troisiémement, aprés quelques reflexions sur le plan
odieux, que l'Auteur de la pretenduë *veritable tradition sur la
prédestination & la grace*, a fait
du systeme de saint Augustin,
je propose une regle par laquelle on doit juger de la qualité de la doctrine de ce saint
Docteur, sans s'arrêter aux diverses idées des particuliers, &
cette regle est l'autorité de l'E-
glise. Enfin je conclus par les
éloges que les Papes & les Conciles ont donné à ce grand
Saint, & qui prouvent que l'E-

glise l'a non seulement regardé comme un Docteur orthodoxe; mais encore comme un des plus grands ornemens, & une des plus vives lumieres que Dieu ait fait paroître dans le Christianisme pour l'instruction des fidelles.

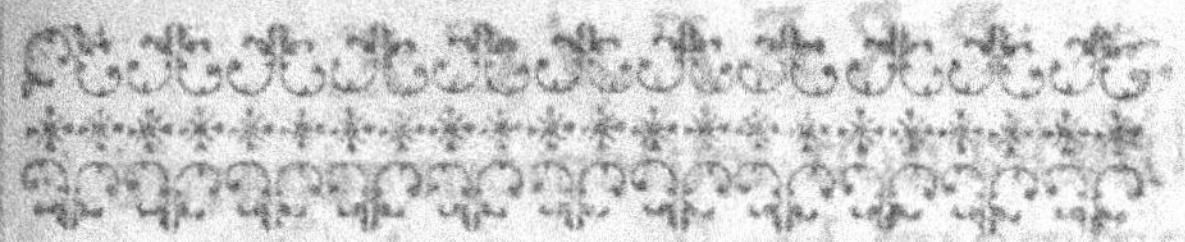

TABLE
DES CHAPITRES

Contenus dans cet Ouvrage.

DES CHAPITRES.

Fin de la Table des Chapitres.

APPROBATIONS.

J'Ay lû pour Monseigneur le Chancelier, un livre qui a pour titre, *Défense de saint Augustin, contre un livre qui paroît dépuis peu, sous le nom de M. de Launoy, où l'on veut faire passer ce Saint Pere pour Novateur*. Je n'ay rien trouvé dans ce livre de contraire à la foy, ny aux bonnes mœurs; & je crois qu'il sera fort utile. En Sorbonne le 10. Octobre 1703.

C. DE PRECELLES.

J E soussigné Provincial de la Compagnie de Jesus, en la Province de France, permets au Pere Gabriel Daniel, de la même Compagnie, de faire imprimer par tel Imprimeur & Libraire qu'il voudra, un livre intitulé, *Défense de saint Augustin contre un Livre*, &c. qui a été vû & approuvé par trois Théologiens de nôtre Compagnie, en foy de quoi j'ai signé la présente Permission. A Alençon ce 20. Aoust 1703.

JUL. BAUDRAN.

DEFENSE

DEFENSE
DE
SAINT AUGUSTIN,

Contre un livre qui paroit depuis peu sous le nom de M. de Launoy. où l'on veut faire passer ce saint Pere pour un Novateur.

'IL étoit vrai que saint Augustin fût tombé dans les erreurs que l'Auteur lui impose, il faudroit tout grand Docteur qu'il est passer condamnation sur son chapitre ; aprés que l'Eglise a prononcé sur ces matieres aussi fortement & aussi nettement qu'elle a fait : car nulle autorité n'est comparable à celle de cette mere des fidelles ; & ce Saint penetré du respect qu'il devoit à ce tribunal infaillible, a mis en plu-

A

sieurs endroits de ses ouvrages les principes sur lesquels en ce cas il se con-
damneroit lui-même. Mais il s'en faut
bien qu'on en soit reduit là ; & il n'est
nullement à craindre que l'Eglise met-
te jamais saint Augustin, comme l'Auteur a fait, au même rang que Wiclef, Calvin & Luther.

Je pose pour principal fondement
de sa justification ce que la pluspart
des Theologiens Catholiques ont dit
avant moi, qu'il ne faut pas prendre
certaines expressions de ce saint Docteur
absolument, & sans faire attention aux
erreurs qu'il combattoit ; mais qu'on
doit les entendre par rapport à ces
mêmes erreurs : & S. Augustin s'est
servi lui même de cette regle au regard
des Peres qui l'ont precedé.

Avec cette seule reflexion, il est aisé
de le défendre, de concilier ses derniers ouvrages avec les premiers, comme il l'a souvent fait lui-même, & de
montrer, que sur ce qui regarde la foi,
il ne s'est point du tout écarté des sentimens des Docteurs vrayement orthodoxes qui l'avoient precedé, quoiqu'il
ait quelquefois parlé autrement qu'eux.
Or faire cela, c'est détruire entiere-

ment la calomnie du nouvel Auteur, dont le but est de montrer que saint Augustin s'est écarté de la Tradition de l'Eglise des quatre premiers siecles sur la predestination & sur la grace. D'où il conclut que ce saint Pere a été un Novateur sur ces matieres, qu'il a rempli ses ouvrages d'erreurs, & causé de grands troubles dans l'Eglise en divers temps. Cette consequence seroit tres-justes si l'antecedent étoit aussi veritable qu'il est faux : & c'est sur quoi j'entreprends de défendre ici saint Augustin.

Quoique le titre du libelle ne parle que de la predestination & de la grace ; cependant une des plus atroces accusations de l'Auteur contre saint Augustin, est que ce saint Docteur a détruit le dogme catholique de la liberté de l'homme, & établi sur ce sujet une doctrine toute contraire à celle de la Tradition des quatre premiers siecles. Il dit que l'homme, selon saint Augustin, *ayant abusé de son libre arbitre a perdu sa liberté & a été reduit* Pag. 25. *à la necessité d'agir ; que depuis le peché du premier homme, le franc arbitre n'est plus ni de faire, ni de choisir le bien :*

A ij

que c'est presentement Dieu qui nous fait
vouloir & agir, & l'action même, sans
que le libre arbitre l'en puisse empêcher....
que quand on lui eût entendu avancer de
de tels dogmes, tout le monde en fut alar-
mé..... & qu'un chacun tâcha de s'y op-
poser, aussi-bien les heretiques que les
Catholiques. Il est certain, dit-il plus
bas, qu'il renversoit le libre arbitre de
l'homme par sa doctrine, & qu'il le redui-
soit, comme on le lui reprochoit, à une
necessité de bien ou de mal faire.

Effectivement le dogme de la liberté a une liaison essentielle avec ceux
de la predestination & de la grace ;
& supposé que l'Auteur attribuât,
comme il fait, sur l'exemple de Calvin,
l'erreur de la grace necessitante à saint
Augustin, & un systême de predestination tel qu'il s'est imaginé le voir
dans ses ouvrages, il ne pouvoit se
dispenser de trouver un sens heretique
dans les expressions du saint Docteur
sur la liberté. C'est par la même raison de l'inseparabilité de ces dogmes,
que je commencerai par justifier saint
Augustin sur l'erreur que le libelle lui
attribuë touchant la liberté de l'homme & la necessité de pecher. Je le fe-

raï en second lieu sur l'erreur de la
grace necessitante ; en troisiéme lieu,
sur la fausse idée de predestination dont
il le rend coupable ; en quatriéme lieu,
je remarquerai quelques-unes des be-
vûës de l'Auteur, soit en matiere de
dogmes, soit en matiere d'histoire ;
& enfin je montreray l'injustice de
son procedé dans la maniere dont il
forme ses indignes accusations contre
le saint Docteur.

CHAPITRE I.

*Où l'on examine si saint Augustin
s'est écarté de la Tradition des quatre premiers siecles sur la liberté
de l'homme.*

L'AUTEUR du libelle dont il s'agit,
en levant si hautement l'étendart
contre saint Augustin, en attaquant
de droit fil sa doctrine sur des points
de foi les plus essentiels, s'est couvert
du bouclier de la Tradition, & n'a
prétendu entrer en lice contre un si re-
doutable adversaire, que sous les aus-

pices des Peres des quatre premiers
siecles.

Il commence par rapporter la Tradition de l'Eglise sur le libre arbitre
d'une maniere tres-seche, & employe
des passages fort mal choisis dont les
Semipelagiens pouvoient abuser, &
dont ils abusoient en effet. Il cite entre autres parmi les ouvrages des Peres du premier siecle ceux de saint
Denys, qui selon le sentiment com-
munement reçû aujourd'hui parmi les
sçavans, n'ont été faits que vers la
fin du cinquiéme ou vers le commencement du sixiéme. Il cite aussi le témoignage d'une lettre du Pape saint
Clement, autre ouvrage apocriphe, ou
au moins tres-douteux. Il passe de là
aux Peres du second, du troisiéme &
du quatriéme siecle, & fait ensuite à
sa fantaisie un précis de la doctrine de
saint Augustin, laquelle il oppose à
celle des Peres qui l'ont precedé.

Comme d'ordinaire il ne cite point
les passages de ce saint Docteur en
propre termes, & qu'il ne marque
point les endroits dont il fait un prétendu abregé, on ne peut gueres le refuter en détail: mais je vas faire l'a-

pologie de la doctrine du Saint par
certaines regles generales, qui, je croi,
mettront encore mieux au fait les lecteurs, que les réponses particulieres
qu'on donne ordinairement aux passages difficiles de ce Pere ; je ne laisserai pas neanmoins dans l'occasion d'e-
xaminer quelques - uns de ces endroits
de saint Augustin, sur lesquels l'Auteur du libelle fait le plus de fond,
& je tacherai d'en rendre si bon
compte que j'espere qu'on en sera
content.

ARTICLE PREMIER.

Justification de la doctrine de saint Augustin sur le libre arbitre.

JE compte tellement sur la bonté de
la cause que je défends, que sans
tirer avantage, comme je le pourrois,
des livres que S. Augustin a composez
avant ses disputes contre les Pelagiens, je consens de ne m'en rapporter qu'à ceux qu'il a faits contre ces
heretiques, ou qu'il a mis en lumiere
dans le temps qu'il étoit aux mains avec
eux. C'est-là suivre mon adversaire

Premier
Argument.

dans son fort : car à l'exemple des heretiques qui ont voulu mettre ce saint Docteur dans leur parti, il prétend que c'est uniquement dans ses ouvrages contre les Pelagiens, qu'il faut rechercher le sentiment où il s'est fixé touchant le libre arbitre & la grace. Or j'espere montrer dans ces ouvrages mêmes des passages en faveur du libre arbitre aussi clairs & aussi formels qu'on en trouve dans les Peres des quatre premiers siecles, & qui contiennent aussi distinctement l'idée qu'ils en avoient, c'est à sçavoir, d'une faculté de l'homme par laquelle il peut resister à la grace, & aux tentations avec le secours de la grace.

C'est la premiere preuve dont je veux me servir pour l'apologie du saint Docteur : car on ne peut mieux le disculper du reproche qu'on lui fait de s'être écarté de la Tradition sur l'article du libre arbitre, qu'en montrant que ses écrits ont été un des canaux par où la doctrine des quatre premiers siecles sur cet article a passé jusqu'à nous, & qu'ils servent comme ceux des autres Peres, à former cette chaîne de la Tradition qui unit

par la doctrine, les derniers siecles de
l'Eglise avec les premiers.

Je commence par un endroit du livre intitulé, *de l'Esprit & de la Lettre,*
addressé au Tribun Marcellin, que les
Pelagiens s'efforçoient d'attirer à leurs
opinions, & je suis persuadé que l'Auteur du libelle seroit revenu de ses
préventions contre saint Augustin, si
au lieu de s'attacher à la liste de certains passages compilez par les heretiques de ces derniers temps, il avoit
lû avec quelque attention les chapitres
31. 32. & 33. de cet ouvrage du saint
Docteur, qui conclut ainsi dans le tren-
te-troisiéme.

Quand donc Dieu sollicite l'ame «
raisonnable à le croire (car le libre «
arbitre ne peut pas croire s'il n'est «
sollicité & appellé à croire celui à «
qui il doit croire) certainement Dieu «
opere ce desir de croire dans l'hom- «
me, & sa misericorde nous prévient «
en toutes choses ; mais de suivre la «
vocation de Dieu ou de ne la pas «
suivre, cela, comme je l'ai dit, dé- «
pend de la volonté ; *consentire autem* «
vocationi vel ab ea dissentire, sicut dixi «
propria voluntatis est.

A l'occasion d'un tel passage , je demanderois volontiers à l'Auteur du libelle , si ses prétendus saints Denys & Clement , si Origene & les autres Peres des quatre premiers siecles se sont jamais exprimez plus fortement en faveur du libre arbitre que le fait ici S. Augustin. Si ce passage n'auroit pas pû être ajoûté à sa liste pour montrer la suite de la Tradition en cette matiere, & pour faire passer du quatriéme siecle par le cinquiéme aux siecles suivans , la doctrine de l'Eglise : mais voici un autre passage dont les circonstances meritent beaucoup d'attention.

Il est tiré du second chapitre du livre *de la Grace & du Libre Arbitre.* » Dieu, » dit S. Augustin en cet endroit, nous a » revelé par ses Ecritures saintes qu'il » y a un libre arbitre dans l'homme, *revelavit autem nobis per scripturas sanctas esse in homine liberum voluntatis arbitrium.* Et puis il en prouve l'existence par les commandemens que Dieu nous a donnez & par les récompenses qu'il nous propose.

» Il seroit inutile, ajoûte-t-il , que » Dieu nous donnât des commande- » mens, si la volonté n'avoit pas la li-

berté pour mériter les récompenses «
qu'il nous a promises en cas que nous «
lui obéïssions. C'est l'argument dont «
les Philosophes mêmes se servent pour
prouver la liberté, tiré des récompenses & des châtimens qui la supposent
necessairement. Je dis cette liberté qui
consiste dans un veritable pouvoir de
faire le choix du bien ou du mal.

Il continuë en disant qu'ayant le libre arbitre & les preceptes que Dieu
nous a imposez, nous sommes inexcu-
sables si nous ne nous sauvons pas,
que nous aurions tort d'en rejetter la
faute sur Dieu même, & puis il cite
ce passage de l'Ecclesiastique le plus
exprés qu'il y ait dans l'Ecriture pour
prouver la liberté de l'homme. *Il vous
presente le feu & l'eau, étendez la main
vers celui que vous voulrez, la vie &
la mort sont devant les yeux de l'homme, on lui donnera l'un ou l'autre selon
qu'il lui plaira.* Voilà, conclut le saint
Docteur, le libre arbitre de l'homme
exprimé dans l'Ecriture avec les termes
les plus clairs. *Ecce apertissimè videmus
expressum liberum humanæ voluntatis arbitrium.*

Il reprend ensuite l'argument tiré

des commandemens. Dieu , dit-il ,
» nous ordonne dans toutes les Ecritu-
» res d'accomplir ses commandemens,
» & pourquoi nous l'ordonneroit-il ,
» si nous n'avions point de libre arbi-
» tre ? Ce qu'il confirme par une infinité de passages , & il conclut encore, que par tous ces passages le libre
arbitre de l'homme est démontré
dans l'Ecriture. *Ubi ad aliquid facien-*
dum vel non faciendum in divinis monitis
opus voluntatis exigitur , satis liberum
demonstratur arbitrium.

Cet endroit de saint Augustin est
d'autant plus remarquable & d'autant
plus fort , qu'il écrivit le livre *de*
la Grace & du Libre Arbitre exprés
pour détruire l'idée que quelques personnes avoient prise, qu'il en vouloit
à ce dogme catholique. Il l'adresse à
l'Abbé & aux Moines d'Adrumete ,
parmi lesquels une lettre qu'il avoit
écrite à Sixte Prêtre Romain , & qui
fut depuis Pape , avoit causé de grandes disputes : » parce , dit-il , qu'il y
» en a quelques-uns qui soûtiennent la
» grace de telle maniere qu'ils nient le
» libre arbitre de l'homme , ou qui
» s'imaginent que quand on soûtient

la grace, on détruit le libre arbitre, «
c'est pour cela que j'écris à vôtre «
charité, &c. & tout le but de ce livres est de montrer que pour être bon
catholique , il faut également reconnoître & la necessité de la grace & le
libre arbitre.

Aprés cette declaration & cette profession de foi si expresse de saint Augustin sur le libre arbitre, il est inutile de rapporter une infinité d'autres
passages, ainsi que je le pourrois faire,
pour montrer là-dessus la pureté de sa
foy, & comment il ne s'écarta jamais
de la Tradition de l'Eglise sur un point
si essentiel : voilà encore d'autres argumens qui ne souffrent point de repli-
que.

Il est constant & de l'aveu de tout
le monde , que saint Augustin avant
le temps des disputes contre les Pelagiens, & dans celles qu'il a euës avec
les Manichéens , suivoit la doctrine de
la Tradition de l'Eglise sur la liberté
de l'homme. Il n'y a qu'à lire ses trois
livres *sur le Libre Arbitre* aussi-bien
que plusieurs autres qu'il a écrits dans
ces temps-là , & mon adversaire en
convient avec moi.

Second
Argumens.

Sur cette supposition, voici comme je raisonne. Si les sentimens qu'on ose attribuer à S. Augustin dans ses livres contre les Pelagiens touchant la grace, touchant la predestination & touchant le libre arbitre, étoient alors ses veritables sentimens, il a dû retracter dans ses livres des Retractations toute la doctrine qu'il a enseignée sur la liberté de l'homme dans ses premiers ouvrages, & cela pour deux raisons : la premiere, parce que cette doctrine étoit directement contraire à ce que nôtre Auteur suppose que ce Saint soûtenoit en disputant contre les Pelagiens. La seconde, parce que saint Augustin, regardoit comme un article de foi ce qu'il enseignoit touchant le libre arbitre contre les Pelagiens. Or il n'a jamais retracté ce qu'il avoit enseigné touchant le libre arbitre dans ses premiers ouvrages, excepté un seul point dont je parlerai, & qui donnera beaucoup de force à l'argument que je propose ; donc le sentiment que l'Auteur attribuë à saint Augustin touchant le libre arbitre dans ses ouvrages contre les Pelagiens, ne l'étoit pas en effet.

Que saint Augustin n'ait point re-

tracté ses premiers sentimens touchant
le libre arbitre dans ses Retractations,
c'est un fait dont tout le monde peut
s'instruire en lisant cet ouvrage qui
n'est pas fort long. Tout ce qu'il y a
fait à cet égard, a été premierement de dire, que les Pelagiens ont
voulu se prévaloir de quelques - uns
de ces ouvrages, & sur tout des trois
livres *du Libre Arbitre*, parce qu'en y
parlant du pouvoir du libre arbitre,
il n'y avoit pas fait mention de la
grace : or, que répond - il à cette
objection ? Est-ce en condamnant ses
principes, ses consequences, ses propositions sur ce sujet ? Point du tout.
Il répond seulement qu'il n'a point
parlé de la grace, parce qu'il ne s'a-
gissoit point de cela alors : *in his at-*
que hujusmodi verbis meis, quia gratia
Dei commemorata non est, de qua tunc
non agebatur, putant Pelagiani vel pu-
tare possunt suam me tenuisse sententiam,
sed frustra putant, &c.

Il ajoûte que même dans cet ouvrage, sans penser à eux, il les a refutez, &
en rapporte quelques preuves aprés lesquelles : *ecce*, dit-il, *tum longè ante-*
quam Pelagiana hæresis extitisset, sic

*disputavimus, velut jam contra eos dis-
putaremus.* Si sur la fin de sa vie, lorsqu'il écrvit ses livres des Retractations,
il avoit regardé comme des faussetez &
des erreurs ce qu'il avoit autrefois écrit
touchant la liberté de l'homme, je laisse
à juger s'il en auroit parlé de la sorte,
& si ce Saint plein d'humilité & de
zele pour la religion, & qui ne se par-
donnoit rien dans ses Retractations,
non seulement de ce qui eût pû bles-
ser la foi, mais encore les veritez in-
differentes, n'eût pas retracté des sentimens, qui selon l'Auteur que je refute, eussent été contraires à ceux qu'il
soûtenoit contre les Pelagiens comme
la pure doctrine de l'Ecriture sainte.

Saint Augustin dans ses Retractations, explique encore quelques-unes
de ces propositions dont les Pelagiens
abusoient. Un des dogmes capitaux
de Pelage étoit celui-ci, qui fut ana-
thematisé dans un grand nombre de
Conciles. *Hominem posse esse sine peccato si velit.* Que l'homme peut être
sans peché s'il le veut, ces dernieres
paroles, *s'il le veut*, contenoient tout
le venin de son heresie, parce qu'il les

entendoit

entendoit en excluant le secours de la grace.

Sur quoi ce Saint en revoyant les deux livres qu'il avoit écrit *sur la Genese* contre les Manichéens, s'explique ainsi, » que les Pelagiens nouveaux heretiques ne s'imaginent pas « que j'aye parlé ici en leur faveur. Il « est tres-vrai que tous les hommes « peuvent (observer les commande- « mens) s'ils le veulent ; mais il faut « que leur volonté soit preparée par le « Seigneur. C'est à dire, que le saint « Docteur pensoit que tous les hommes pouvoient accomplir les commandemens de Dieu avec le secours de la grace, & non pas par les seules forces de leur libre arbitre, comme le vouloient les Pelagiens.

C'étoit-là sans doute pour saint Augustin une belle occasion de s'expliquer, & de prendre le contre-pied de ces heretiques sur le libre arbitre : & effectivement il le prend, en disant que le libre arbitre ne peut pas, s'il le veut, accomplir les commandemens sans le secours de la grace ; & c'est ainsi que les Peres des quatre premiers siecles, conformément à la doctrine

de l'Eglise de tous les temps , se seroient expliquez , s'il avoit été question de le faire : mais si saint Augustin n'avoit point reconnu de libre arbitre dans l'homme après le peché
d'Adam , n'auroit - il dit que cela ?
& si , selon lui , c'eût été une erreur
de le reconnoître , se seroit-il con-
tenté de modifier seulement sa proposition , & de marquer à Pelage ce
qu'il devoit ajoûter à la sienne pour
la rendre catholique , c'est à dire, le
secours de la grace? Mais je ferai bien-
tôt mieux sentir encore la force de
cette reflexion en examinant un autre
endroit de saint Augustin.

Cap. 15.   Ce saint Docteur dans le même livre des Retractations , explique aussi
certaines definitions qu'il avoit données
du peché & dont les Pelagiens vouloient se servir contre lui. Il leur montre que quoiqu'il eût dit que le peché est
l'ouvrage de la volonté , il n'avoit pas
pour cela exclus le peché originel ,
parce qu'il a eu son origine dans la
volonté tres-libre d'Adam , qu'il n'a
pas non plus exclus la concupiscence
à laquelle l'Apôtre donne le nom de
peché , parce qu'elle a eu la même

source que le peché originel , & qu'-
elle est appellée peché dans l'Ecriture ,
parce qu'elle est l'effet & la cause du
peché : que quand il a défini le peché,
une volonté de retenir ou d'acquerir ce
que la justice défend & dont il est libre de
s'abstenir, il a prétendu seulement de-
finir le peché qui n'est point la peine
du peché ; sur quoi S. Augustin à parlé
tres-juste & sans nul préjudice pour le
libre arbitre, selon l'idée qu'en avoient
les Peres des quatre premiers siecles :
car il est manifeste que cette definition
ne convient ni au peché originel ni à
la concupiscence qui portent le nom
de peché ; mais qui font en même
temps des peines du peché ; & c'est
avec raison qu'il la restreint aux pechez qui sont purement & immediate-
ment volontaires, tels qu'il s'en commet
une infinité tous les jours dans nôtre
état de la nature corrompuë ; voilà
à peu prés ce que le saint Docteur a
fait dans ses Retractations au regard de
ses premiers ouvrages touchant la ma-
riere dont il est question.

De tout cela , il s'ensuit manifeste-
ment que saint Augustin a toûjours
tenu les mêmes principes touchant le

libre arbitre selon la notion des quatre premiers siecles, depuis qu'il a commencé à écrire sur ce sujet jusqu'à la fin de sa vie, & qu'il avoit toûjours les mêmes idées à cet égard en écrivant contre Pelage : mais pour montrer ce que j'ai dit & dont on ne peut pas douter, que saint Augustin auroit retracté ses premiers sentimens là-dessus s'il les avoit regardez comme des faussetez & des erreurs ; il n'y a qu'à voir la maniere dont il s'est comporté à l'égard d'une fausse opinion où il étoit sur lelibre arbitre avant ses disputes contre les Pelagiens.

Il étoit dans l'erreur qui fut depuis celle des Semi - pelagiens, que la foi devoit être attribuée au seul libre arbitre, & que Dieu ensuite lui accordoit les graces necessaires pour les bonnes œuvres : & suivant cette idée il s'étoit exprimé de la sorte dans un ouvrage intitulé : *Exposition de quelques propositions tirées de l'Epitre aux Romain. Quod ergo credimus nostrum est, quod autem bonum operamur, illius est qui credentibus dat spiritum sanctum.* Cela veut dire : » de ce que nous croyons, » c'est l'ouvrage de nôtre libre arbitre;

mais de ce que nous faisons le bien , «
nous en sommes redevables à la grace «
de celui qui donne son saint Esprit à «
ceux qui croyent. «

Cette proposition est directement
opposée au dogme catholique , selon
lequel la grace de la vocation à la foi
nous prévient & est un effet de la misericorde de Dieu. Que fait saint Augustin sur ce sujet ? tâche-t-il de donner
une interpretation favorable à cette
proposition ? Nullement & non seulement il la combat de toutes ses forces contre le Semipelagiens , mais encore dans ses Retractations , il avouë
de bonne foi qu'il avoit été dans cette
erreur » Je n'avois pas encore alors ,
dit - il , assez examiné la chose..... & «
je n'aurois pas ainsi parlé , si j'avois «
sçû des ce temps-là que la foi doit «
être mise au nombre des dons de «
Dieu. Il faut donc reconnoître , «
ajoûte-t-il, que l'un & l'autre , (c'est «
à dire , la foi & les bonnes œuvres) «
dépendent de nous à cause du libre «
arbitre de nôtre volonté ; mais que «
cependant l'un & l'autre nous est «
donné par l'esprit de foi & de cha- «
rité. «

Cap. 23.

Je demande une seconde fois aprés
cela, si saint Augustin n'auroit pas retracté ses autres premiers sentimens
sur le libre arbitre, s'il en avoit jugé
de même : c'est à dire, s'il avoit crû
s'y être trompé comme dans celui-ci ?
n'avoit-il pas les mêmes raisons de le
faire ? Son zele pour la verité & pour
la saine doctrine ne l'y engageoit-il pas
également ? Et puisqu'il s'étoit declaré
contre le libre arbitre aussi hautement
que l'Auteur du libelle prétend qu'il
l'a fait dans ses écrits, qu'avoit-il à
ménager là-dessus dans ses Retractations ? & oseroit-on même le soupçon-
ner d'un si lâche ménagement en matiere de religion & dans un point de
cette importance ?

Mais, que dis-je, que saint Augustin dans ses livres contre les Pelagiens
n'a point retracté son ancienne doctrine sur le libre arbitre ! Il l'y a po-
sitivement avouée & confirmée. Pelage
qui prétendoit qu'il s'en étoit écarté,
lui represente un passage du troisiéme
livre *du Libre Arbitre* chap. 18. où il
avoit dit que dés là qu'on supposoit
qu'il n'y avoit point de liberté dans
l'action d'un homme, mais qu'elle se

faisoit par necessité , dés-là il s'ensui-
voit qu'il n'y avoit point de peché.
Voicy les paroles que saint Augustin
avoit dites : « quelle que soit la cause
de l'action de la volonté, si elle ne «
lui peut resister , elle lui cede sans «
peché..... Car qui est-ce qui peche en «
ce qu'il ne peut éviter. Que répond «
le saint Docteur à cette objection ? «
Dit-il qu'il s'étoit trompé en parlant
de la sorte ? Point du tout. » Ce sont-
là mes paroles , dit-il , je les recon-
nois , *agnosco verba , mea sunt.* Et il
ajoûte seulement , comme il fait ailleurs , qu'il faut avoir recours à la grace avec laquelle on peut éviter ces sortes de fautes. Je passe à un autre argument.

Lib. de na-
tura & gratia.
Cap. 67.

Mon troisiéme argument ou ma troisiéme reflexion pour la justification de
saint Augustin , est que lui-même convenoit avec les Pelagiens sur l'essence
de la liberté en tant qu'elle est une
puissance qui choisit le bien ou le mal,
& qu'il en convenoit à une chose
prés , qu'il soûtenoit que le libre arbitre ne pouvoit faire les bonnes œuvres sans être prévenu & secouru de
la grace. Que si cela est, c'est une cho-

Troisiéme
Argument.

se évidente qu'il a suivi la Tradition des Peres des quatre premiers siecles sur le libre arbitre. Or que cela soit, c'est de quoi on ne peut douter sans démentir saint Augustin lui-même. En voici le preuve.

Sup. 3. Le saint Docteur au livre second *des nopces & de la concupiscence*, rapporte cette plainte que faisoit un des disciples de Pelage, & il sçût depuis que c'étoit Julien. *Si quelqu'un*, disoit cet *Lib. 1. oper. imperf. n. 75.* heretique, *avoüé que les hommes ont le libre arbitre, ou que Dieu est le Createur des enfans qui naissent, c'en est assez pour être traité de Celestien & de Pelagien.* A cela saint Augustin répond en ces termes, qui ne peuvent pas être plus décisifs.

» Ce que vous dites n'est pas vrai, » qui que vous soyez qui parlez de la » sorte, dit saint Augustin à Julien. » Vous vous trompez beaucoup, ou » bien vous voulez tromper. Nous ne » nions point le libre arbitre ; non, » dis-je, on n'est point Celestien ou » Pelagien pour assurer le libre arbi- » tre à l'homme, & pour dire que les » enfans qui naissent ont Dieu pour » Createur ; car c'est-là ce que la foi nous

nous enseigne , *ista quippe catholica fi-* «
des dicit. Mais si quelqu'un dit, qu'il «
y a un libre arbitre dans les hommes «
qui puisse honorer Dieu comme il «
faut sans le secours de sa grace , ou si «
quelqu'un dit, que Dieu est tellement «
le Créateur des enfans qui naissent, «
qu'il ne soit pas aussi leur Rédem- «
pteur en les retirant de la puissance «
du diable ; c'est celuy-là qui est Ce- «
lestien & Pelagien. Nous disons donc «
vous & moy, que les hommes ont le «
libre arbitre , & que Dieu est le Créa- «
teur des enfans qui naissent. *Liberum* «
itaque in hominibus esse arbitrium , &
Deum esse nascentium conditorem utrique
dicimus. Ce n'est point par-là que «
vous étes Celestiens & Pelagiens: «
non hinc estis Cœlestiani aut Pelagiani .
mais que les hommes soient libres «
pour faire le bien sans le secours de «
la grace , & que les enfans nouveau- «
nez ne passent pas de la puissance des «
ténébres dans le Royaume de Dieu , «
voilà ce que vous dites , & c'est par- «
là que vous étes Celestiens & Pela- «
giens; *hinc estis Cœlestiani & Pelagiani.* «
Pourquoy pour tromper le monde «
couvrez-vous vôtre erreur particu- «

» liere , d'un dogme catholique qui
» nous est commun à vous & à moy ?
Quid obtendis ad fallendum communis
dogmatis tegmen , ut operias proprium
crimen? Et Julien étoit si persuadé que
saint Augustin avoit parlé en cet endroit selon cette notion du libre arbitre , qu'il luy reprocha quelques années
aprés , qu'il avoit dans cette occasion
dissimulé sa créance ; & peut-être l'Auteur du Libelle s'accommoderoit-il de
cette réponse , que saint Augustin traite pourtant de calomnie.

Il est donc plus clair que le jour que
saint Augustin convenoit avec les Pelagiens sur le dogme du libre arbitre ,
à cela prés qu'il vouloit que pour les
bonnes œuvres , conformément à l'E-
criture , la liberté de l'homme fût prévenuë , guerie & aidée de la grace. Si
en parlant de la sorte , il n'avoit pas eu
la même idée de l'essence du libre arbitre que Pelage ; c'est-à-dire , d'une
faculté de l'homme qui fait le choix
du bien & du mal , non seulement il
auroit erré , non seulement il auroit eu
dans l'esprit une notion de la liberté
toute contraire à celle qu'en avoit toute l'Eglise & tout le genre humain , &

toute opposée au terme même de libre
arbitre ; mais encore il auroît été un
imposteur, & auroit trompé ses Lecteurs par une lâche équivoque, dans le
tems qu'il accusoit ce Pelagien d'une
pareille fourberie.

Cette preuve de la saine doctrine de
saint Augustin sur le libre arbitre, est
fortement appuyée de ce que j'ay déja
dit de la maniere dont il s'explique sur
ses premiers ouvrages dans celuy de
ses Retractations, & de celle dont il
rectifie en plusieurs autres endroits les
définitions du libre arbitre apportées
par les Pelagiens, en disant qu'il les
admettoit, pourvû qu'ils y ajoûtas-
sent que le libre arbitre ne peut rien
pour les bonnes œuvres sans le secours
de la grace.

Mais pour achever cette démonstra-
tion, j'ajoûterai encore un ou deux
passages, où saint Augustin dit expressément, qu'il n'y auroit plus de dispute en cette matiere entre luy & Pelage, si cet Hérésiarque vouloit reconnoître que le libre arbitre avoit besoin
de la grace pour faire le bien.

Saint Augustin au Livre *de la Natu-* *Cap. 44.*
re & de la Grace, rapporte ces paroles

d'un écrit de Pelage intitulé, *de la Na-*
ture, & que le Saint refute dans le sien:
» Mais ce qui fait peine à plusieurs
» personnes , dit Pelage , c'est que j'ay
» soûtenu que les hommes pouvoient
» vivre sans peché , & que je n'ay point
» fait mention de la grace. C'est effec-
» tivement cela même , dit saint Au-
» gustin , qui nous fait de la peine , &
» c'est nôtre difficulté. *O aveuglement*
» *& ignorance* (ce sont les paroles de
» Pelage) *de s'imaginer que je pense que*
» *cela puisse être sans la grace !* Surquoy
» saint Augustin ajoûte : Si nous ne
» sçavions pas ce qui suit dans son Li-
» vre , nous croirions, en le voyant par-
» ler de la sorte, que nous avons ajoû-
» té foy trop legerement à des bruits
» rapportez par nos freres , qui nous
» avoient paru de bons témoins: car que
» peut-on dire de plus vray & en moins
» de paroles que ce qu'il dit , que la
» puissance de ne point pecher , quelle
» qu'elle puisse être , vient de Dieu ?
Possibilitatem non peccandi quantacum-
que est , vel erit in homine , non nisi Deo
debere reputari ? Nous disons aussi cela
» nous autres, continuë saint Augustin,
» nous n'avons qu'à nous donner la

main , & nous voilà d'accord : *hoc* «
& nos dicimus , jungamus dextras.

Il dit encore la même chose & aussi
expressément au Livre *de la grace de* Cap. 47.
Jesus-Christ.

Si Pelage accorde , dit-il , que la «
volonté même & l'action sont aidées «
de la grace , de sorte que sans son se- «
cours, nous ne voulions ni ne fassions «
aucune bonne œuvre , & que cette «
grace de Dieu nous est donnée par «
JESUS-CHRIST nôtre Seigneur... «
il n'y aura plus de dispute entre luy «
& moy , autant qu'il me paroît , tou- «
chant le secours de la grace de Dieu : «
nihil de adjutorio Dei , quantum arbi-
tror , inter nos controversiæ relinquetur.

Donc saint Augustin convenoit avec
Pelage que l'homme avoit le libre arbitre , la puissance de pecher & de ne
pas pecher , & toute la dispute rouloit
sur ce point, s'il pouvoit vivre exempt
de peché sans le secours de la grace ; &
c'est suivant cette idée que l'Auteur de
l'*Hypognosticon* , livre que plusieurs Lib. 3.
ont attribué à saint Augustin , principalement dans le neuviéme siécle ; mais
qui est d'un autre adversaire des Pelagiens ; c'est , dis-je , suivant cette idée

que cet Autheur sur ce sujet s'est exprimé fort juste en peu de mots. » Il y a
» donc, dit-il, un libre arbitre, & qui-
» conque le nie n'est point catholique,
» & quiconque dira que sans la grace
» de Dieu, on ne peut point faire une
» bonne œuvre, celuy-là est catholi-
» que : *Est igitur liberum arbitrium,*
quod quisquis esse negaverit, Catholicus
non est, & quisquis hoc dixerit quod
sine Deo bonum opus, id est, quod ad ejus
sanctum propositum pertinet, nec perfi-
cere possit, Catholicus est.

Et c'est encore dans la même persua-
sion & en de semblables termes, que
saint Augustin s'exprime en écrivant
au Pape Boniface contre les calomnies
des Pélagiens que l'Auteur du libelle
a adoptées. » Nous ne disons point,
» dit saint Augustin, que le libre arbi-
» tre ait été détruit dans l'homme par
» le peché d'Adam ; mais seulement
» qu'il a le pouvoir de pecher dans les
» hommes soumis au Diable, & qu'il
» n'a point celuy de bien vivre, si la
» volonté même de l'homme n'est dé-
» livrée par la grace, & n'en est aidée
» dans toute bonne action pensée &
» parole, *Peccato Adæ liberum arbi-*

trium de hominum natura periisse non di-
cimus, sed ad peccandum valere in ho-
minibus subditis Diabolo ; ad bene au-
tem vivendum non valere, nisi ipsa volun-
tas hominis Dei gratiâ fuerit liberata,
& ad omne bonum actionis, cogitationis,
sermonis adjuta. Telle est la profession
de foy que saint Augustin fait là-dessus
à un Pape, & à un Pape, qui selon *Pag. 26.*
l'Autheur, étoit tres-Catholique, &
qui vouloit même, à ce qu'il dit, que
saint Augustin se justifiât auprés de
luy sur sa doctrine.

Je croy qu'aprés qu'on aura bien pé-
sé ces preuves, on jugera qu'il faut
porter la témérité au souverain degré,
pour oser accuser saint Augustin de
s'estre écarté de la Tradition de l'Eglise des quatre premiers siécles, sur la
doctrine du libre arbitre.

ARTICLE II.

Explication de certaines expressions
de saint Augustin sur le libre
arbitre.

L'Auteur du livre que je refute n'ap-
portant aucunes preuves particu-

liéres tirées des écrits de saint Augustin
pour appuyer les calomnies qu'il luy
impose, je pourrois me dispenser de
me proposer aucune objection sur tout
ce que j'ay dit : mais celles que je vas
me faire serviront d'une nouvelle con-
viction pour la pureté de la doctrine du
saint Docteur que je défends.

Pag. 250   L'Auteur dit seulement en général,
que selon saint Augustin, *l'homme
ayant abusé de son libre arbitre, a perdu
sa liberté & a été reduit à la nécessité
d'agir ; que depuis le peché du premier
homme le franc arbitre n'est plus, ni de
faire, ni de choisir le bien.*

Cette idée luy est venuë sur certaines
expressions de S. Augustin que Luther,
Calvin, Jansenius & leurs Sectateurs
ont fait beaucoup valoir, desquelles
il n'a pas pénétré le sens, & qu'il n'a
peut-être jamais pris la peine d'éxami-
Cap. 30.   ner : telle est celle-cy de *l'Enchiridion :
libero arbitrio malè utens homo se perdi-
dit & ipsum ;* l'homme en abusant de
son libre arbitre l'a perdu & s'est perdu luy-même. Celle-cy du livre *de la
perfection de la justice, victa vitio, in
quod cecidit, voluntate, caruit libertate
natura.* La nature s'étant laissée vaincre

par le vice où elle tomba, elle perdit sa
liberté. Cette autre du premier livre de
l'*Ouvrage imparfait contre Julien* : *mul-* n. 105.
tùm erras qui vel necessitatem putas nul-
lam esse peccandi ; vel eam non intelligis
illius peccati esse pœnam , quod nullâ ne-
cessitate commissum est. Vous vous trompez fort si vous croyez qu'il n'y ait
nulle nécessité de pecher ; ou si vous ne
comprenez pas qu'elle est la peine de ce
peché qui n'a point été commis par aucune nécessité , &c.

Je dis premiérement que les passages
que j'ai citez pour justifier la doctrine
de saint Augustin , étant aussi formels
que ceux-cy , il n'y a point de Catholique qui ne dût expliquer les seconds
par les premiers , plûtôt que d'accuser
saint Augustin sur ces derniers , comme
a fait l'Autheur , de s'être éloigné de
la Tradition constante de l'Eglise, pour
s'engager dans des nouveautez & dans
des erreurs aussi grossiéres & aussi in-
soûtenables que celles-là.

Mais je ne prétends pas m'en tenir
là , & je dis en second lieu , qu'il est
tres-aisé de trouver le sens véritable de
saint Augustin dans ces passages , que
ce sens est tres-catholique , & qu'il

n'est nullement opposé à la Tradition des quatre premiers siécles. Pour cela je ferai deux choses. La premiere sera l'exposition de la doctrine des Pélagiens touchant le libre arbitre, contre laquelle saint Augustin a avancé les propositions dont il s'agit, & je montrerai qu'il n'y a parlé que conformément à la doctrine Catholique. La seconde sera l'exposition de la doctrine de saint Augustin sur la nécessité de pecher dans l'état de la nature corrompuë, & je prouverai que tout Catholique doit la soûtenir dans le sens qu'il l'a soutenuë, & qu'elle n'est point différente de celle que l'on soûtient tous les jours dans les Ecoles les plus orthodoxes.

Briéve exposition de la doctrine des Pélagiens touchant le libre arbitre.

CEtte doctrine des Pélagiens que je vas rapporter, ft tirée des Conciles où elle a été condamnée, des livres de saint Augustin, de saint Jerôme, de Marius Mercator, de saint Prosper ; & principalement du Concile de Carthage de l'an 412. où Celestius fut con-

vaincu d'herefie , & de celuy de Diof-
polis tenu en 415. ou le Pélagianifme
fut anathematifé, quoique Pélage luy-
même y fût abfous. Les propofitions
de ces Herefiarques au regard du libre
arbitre étoient : que les enfans qui naif-
fent font dans le même état où fut
Adam avant fa prévarication : qu'A-
dam en pechant ne s'étoit fait tort qu'à
luy-même, & non à fa pofterité : que la
grace ou le fecours de Dieu ne nous eft
point donné à chaque bonne action que
nous faifons; mais qu'elle confifte dans
le libre arbitre que nous avons reçû de
luy, & dans fa loy & dans les lumiéres
qu'il nous donne pour nôtre inftru-
ction:qu'il n'y a point de libre arbitre,
s'il eft vrai qu'il ait befoin du fecours
de Dieu ; parce qu'il dépend de la volonté d'un chacun d'agir ou de ne pas
agir : que nôtre victoire (dans les tentations) ne nous vient point du fecours
de Dieu , mais de nôtre libre arbitre :
que l'homme pouvoit être fans peché
& obferver facilement les commandemens de Dieu s'il vouloit, (c'eft à-dire,
par les forces du libre arbitre.)

De ces propofitions des Pélagiens il
s'enfuivoit que nous avions le même li-

bre arbitre qu'Adam, la même facilité à faire le bien & à éviter le mal : que loin d'avoir besoin d'une grace medicinale pour guérir nos playes & pour vaincre nôtre concupiscence, nous pouvions observer tous les commandemens sans le secours de Dieu, & même nous élever au plushaut de gré de la perfection.

Saint Augustin attaqua cette doctrine par les Epistres de S. Paul, où cet Apôtre parle des desordres que cause en nous la concupiscence, & par une infinité d'autres passages de l'Ancien & du Nouveau Testament, qui démontrent l'extravagance des prétentions de Pelage & de ses Sectateurs ; & de là le saint Docteur concluoit le besoin que nous avons de cette grace medicinale qui nous a été méritée par le sang de Jesus-Christ, & qui non seulement nous aide, mais nous donne encore le pouvoir de faire le bien en nous guérissant actuellement, & en nous fortifiant continuellement contre les efforts actuels de la concupiscence, laquelle à chaque moment nous entraîne vers le mal:

Tout cecy qui ne peut-être contesté, étant supposé, rien n'est plus facile que de concilier les expressions de saint Augustin, quelque opposées qu'elles paroissent dans les termes. Il dit à Pelage dans ceux que j'ai rapporté les premiers, qu'il convient avec luy du libre arbitre, & que pourvû qu'il avoüé qu'on ne peut faire une bonne œuvre sans la grace, ils sont d'accord ensemble. Il dit dans les autres que j'ai rapporté les derniers, que la nature par le peché a perdu son libre arbitre. Tout le mystere de ces contradictions apparentes, consiste en ce que le saint Docteur a toûjours distingué comme deux especes de libre arbitre, parce que conformément à ce que la foy nous enseigne, il consideroit l'homme en deux differens états.

La premiere espece de libre arbitre étoit celuy de l'homme innocent, qui doüé de la justice originelle étoit parfaitement maître de luy-même, n'avoit point de concupiscence, avoit au contraire tout le penchant possible vers le bien, tout le pouvoir complet pour le faire, mais avoit cependant besoin de la grace pour être appliqué à l'objet de ses bonnes actions, & de plus du concours surnaturel de Dieu, proportionné à la bonne œuvre. Il nous en donne cette idée dans tous ses livres. C'est ce libre arbitre qu'il assure que le premier homme perdit pour luy & pour sa posterité en pechant. *Libero arbitrio malè utens homo se perdidit & ipsum : victâ vitio in quod cecidit voluntate, caruit libertate natura.*

La seconde espece de libre arbitre est celuy de l'homme dans l'état de la nature corrompuë, tout différent de celuy d'Adam innocent, parce qu'il est maîtrisé par la concupiscence avec un penchant horrible vers le mal, & une aversion naturelle du veritable bien, & que loin d'avoir cette disposition sainte d'esprit & de cœur pour le faire, comme Adam l'avoit, il est dans une impuissance toute contraire ; il peut faire le bien ou ne le pas faire, mais il ne reçoit le pouvoir de le faire que par la grace, qui non seulement le prévient & l'aide comme Adam, mais qui le guérit & le fortifie : qui n'est pas seulement un pur secours, mais un remede & une medecine : & c'est ce libre arbitre, ce pouvoir de faire le bien avec une grace de cette nature, ou de ne le pas faire, même en supposant cette grace donnée, que saint Augustin a toûjours protesté qu'il reconnoissoit dans l'homme ; & que Dieu, dit-il, nous a revelé dans les Ecritures faintes : *Revelavit autem nobis per Scripturas suas sanctas esse in homine liberum voluntatis arbitrium* : & il a marqué expressément cette distinction & son sentiment sur l'un & l'autre libre arbitre, en écrivant au Pape Boniface : « Qui est-ce de nous autres, dit-il, qui enseigne que par le peché du premier homme le libre arbitre ait été détruit? Veritablement il y a une liberté détruite, mais c'est celle qui étoit dans le Paradis (terrestre) qui consistoit à posseder l'immortalité avec une pleine justice. *Quis autem nostrûm dicat quòd primi hominis peccato perierit liberum arbitrium de humano genere ? Libertas quidem periit , sed illa quæ in Paradiso fuit, habendi plenam cum immortalitate justitiam.* Voilà dans ce court passage les deux expressions opposées & en même tems conciliées.

J'ay donc raison de conclure que ces expressions ; *libero arbitrio malè utens homo se perdidit & ipsum : Victâ vitio, in quod cecidit , voluntate , caruit libertate natura :* prises dans le sens qu'el-

*Lib. de grat. &
libero arb. c. 2.*

*Lib. 1 ad
Bonifac. c. 2.*

les ont dans saint Augustin , sont très-
véritables & tres-Catholiques , & que
loin qu'elles soient contre la Tradition
des quatre premiers siécles, on ne pourroit dire sans erreur le contraire de ce
qu'il a pensé là-dessus. Voyons maintenant si nous justifierons aussi bien cette autre proposition qu'il avance contre Julien : « vous vous trompez fort
» si vous croyez qu'il n'y ait nulle ne-
» cessité de pecher, ou si vous ne com-
» prenez pas que c'est une peine de ce
» peché qui n'a point été commis par
» aucune nécessité : *Multùm erras qui
vel necessitatem putas nullam esse peccandi ; vel eam non intelligis illius peccati esse pœnam, quod nulla necessita-
te commissum est.* J'espere le faire avec
autant de solidité & de clarté, en me
servant de la même regle, je veux dire
en exposant simplement la doctrine de
saint Augustin par rapport à celle des
Pelagiens. Je traiterai ce point plus au
long, parce que pour être bien entendu il a besoin de plus de discussion ; &
que Calvin & les autres Novateurs, sur
les idées desquels nôtre Auteur a fait son
plan , ont étrangement abusé en cette
matiere de la doctrine de ce Saint, toute

te pure & toute judicieuse qu'elle est en
effet.

Le veritable systeme de la doctrine de saint Augustin sur la necessité de pecher.

IL est certain qu'un des dogmes capitaux des Pelagiens étoit que l'homme pouvoit parvenir à une si haute perfection qu'il fût entierement exempt de
peché ; & qu'ils l'exprimoient par cette proposition , que l'homme , s'il le
veut , peut-être sans aucun peché , *ho-*
minem posse esse sine peccato , si velit.

Cette proposition est une de celles de
Celestius qui furent condamnées à Carthage dans le premier Concile tenu
contre les Pelagiens ; qui le fut encore
quelques années aprés dans le Concile
de Diospolis ; & puis dans le sixiéme
Canon des huit qu'on appelle commu-
nement & faussement les Canons du
Concile de Mileve , & qui furent faits
dans un autre Concile de Carthage as-
semblé contre ces heretiques. C'est cette même proposition que saint Jerôme
attaque principalement dans sa lettre à

Crésiphon, & dans les trois livres des
Dialogues contre les Pelagiens. C'est
cette même erreur qui fait la matiere de
tout le second livre de l'ouvrage de
saint Augustin, *des merites & de la remission des pechez*; c'est celle qui donna
occasion au livre de *l'esprit & de la
lettre*; & laquelle fait la conclusion de
tous les sophismes de Celestius dans
son livre *des definitions*, que saint Augustin refute article par article dans le
livre *de la perfection de la justice*. En un
mot, cette question revient par tout dans
les disputes de ce Pere avec les Pelagiens, & il n'y a gueres de ses livres,
je parle de ceux qu'il a composez contre ces heretiques, où il n'y fasse quelque allusion, & où il ne combatte cette erreur au moins en passant.

On peut reduire tout ce que disent
saint Jerôme & saint Augustin contre
cette doctrine à un argument general
qui comprend presque tous les autres,
ou du moins qui est le principal de tous.
C'est, disoient ces Peres, qu'il nous est
impossible d'éviter une infinité de pechez d'infirmité & d'ignorance, où les
plus saints, les plus sages & les plus
habiles tombent tous les jours : ce qu'ils

prouvoient & par l'experience, & par
les prieres de l'Eglise, & par quantité de passages de l'Ecriture, qui nous re-
mettent incessamment devant les yeux
nôtre foiblesse & nos tenebres. Cecy
est si constant par tous les livres que je
viens de nommer, qu'il seroit inutile
de fatiguer le lecteur par les longues
citations que je pourrois employer à le
prouver.

Mais les Pelagiens opposoient à ces
preuves. Premierement d'autres passages de l'Ecriture & divers exemples de
plusieurs personnes, sur tout de l'Ancien Testament, à qui le S. Esprit rend
témoignage qu'ils étoient justes, &
qu'ils avoient vêcu dans l'observation
de la loy & dans l'accomplissement
exact des Commandemens. En second
lieu, ils repliquoient par des raisonnemens en apparence fort subtils & capa-
bles de surprendre les personnes simples, à cause des consequences que ces
heretiques tiroient d'une maniere fort
plausible en faveur de leur dogme, &
en même tems fort odieuses pour les
Catholiques.

Voicy une partie des Sophismes de
Celestius en cette matiere, rapportez

par saint Augustin dans le livre *de la perfection de la justice* ; qui étoient tous ou des dilemmes en forme, ou qui se reduisoient à cette espece d'argument.

Ce que vous appellez peché, disoit Celestius, ou peut-être évité, ou il ne peut pas être évité. S'il peut être évité, on peut donc être sans peché : si on ne peut pas l'éviter, ce n'est donc pas un peché.

Ce pretendu peché vient de la necessité ou de la volonté ; s'il vient de la necessité, ce n'est donc pas un peché ; s'il vient de la volonté, on peut l'éviter.

Ou l'homme est obligé d'être sans peché, ou non. S'il y est obligé, il le peut ; s'il n'y est pas obligé, quand il en commettra quelqu'un, ce ne sera pas un peché.

Ou Dieu veut que l'homme soit sans peché, ou il ne le veut pas ; si Dieu le veut, l'homme le peut : si Dieu ne le veut pas, il ne pechera pas en commettant ce que l'on pretend estre peché.

Si l'homme ne peut pas être sans peché, pourquoy Dieu le luy impute-t-il ?

Ce qui est commandé peut-être exe-

euté : ce qui est défendu peut-être évité. Or Dieu commande d'éviter le peché, & il défend de le commettre :
donc l'homme peutêtre sans peché.

Saint Jerôme fait raisonner à peu
prés de la même sorte les Pelagiens
dans ses Dialogues touchant le pouvoir
ou l'impuissance où nous sommes d'ê-
tre sans peché en cette vie ; & aprés
qu'il a prouvé par quantité de passages
de l'Ecriture, qu'il y a des pechez d'i-
gnorance contre lesquels il est impossible de se précautionner toûjours, &
qu'ainsi il est impossible de vivre sans
peché ; le Pelagien répond de cette
maniere au commencement du second
livre.

Vous avez, dit-il, fait paroître «
beaucoup de memoire, & une grande «
abondance de doctrine dans la multi- «
tude des passages que vous avez citez, «
car il m'a semblé avoir vû de tems «
en tems dans ce que vous avez dit, «
quelque lueur de verité ; mais enfin à «
quoy tout cela aboutit-il ? Car par «
tous ces temoignages des saintes let- «
tres, vous donnez une mechante idée «
de la nature de l'homme : & vous «
faites retomber sur Dieu même ce «

» qu'il y a en cela d'odieux ; puisque
» par tous vos raisonnemens il demeu-
» rera constant qu'il a créé les hom-
» mes d'une telle maniere, qu'il leur est
» impossible de s'exempter des pechez
» d'oubli & d'ignorance : & cette ab-
» surdité manifeste montre clairement
» que l'homme peut-être sans peché,
» s'il le veut. Car même dans cette
» supposition il a fait ce qu'il n'a pas
» pû éviter de faire. Or dez-là que
» vous le mettez dans cette impuissan-
» ce, il n'y a plus de peché pour luy :
» car personne n'est condamné pour
» n'avoir pas fait ce qui n'étoit point
» dans son pouvoir.

Au reste les Pelagiens se faisoient
tant d'honneur de ces argumens, & ils
leur paroissoient si subtils & si forts,
qu'ils se vantoient par tout qu'on ne
pouvoit y répondre.

Saint Jerôme & saint Augustin
néanmoins continuoient à dire que
c'étoit suivant les Ecritures qu'ils soûtenoient qu'il est impossible d'être sans
peché, & d'éviter une infinité de pechez d'ignorance & d'infirmité, &
qu'il y avoit une necessité de pecher,
dont la source étoit le peché tres-libre

de nôtre premier Pere. Et saint Augustin ajoûtoit qu'il n'étoit point question
de luy reprocher certaines définitions
qu'il avoit données du peché, dans ses
livres contre les Manichéens ; que ces
définitions devoient s'entendre des pechez qui n'étoient pas la peine du peché, mais qu'il ne falloit pas les tirer à
consequence pour tous les autres qui
sont la peine & la suite du premier peché ; & qu'il avoit souvent défini le
peché par rapport à la volonté saine
& non dominée par la concupiscence
& ensevelie dans les tenebres de l'ignorance comme la nôtre.

Je ne croy pas qu'on m'accuse d'af-
foiblir la doctrine de saint Augustin &
de saint Jerôme. Ce tissu d'expressions
qui sont les plus fortes de celles que
Jansenius même a choisies dans saint
Augustin pour faire valoir son opinion
dans la question que je traite, montre
bien que je ne pretends rien dissimuler
ni éluder la difficulté : mais peut-être
fera-t-on surpris quand je dirai que
nos Théologiens Catholiques pourroient impunément s'exprimer de cer-
te sorte dans les principes mêmes de
leur Théologie ; & que s'ils ne le font

pas, ce n'est qu'à cause que les heretiques abusent & abuseroient encore davantage de ces manieres de parler, pour
établir leurs erreurs ; que le sens attaché par l'usage à ces sortes d'expressions, depuis que les heretiques du siécle passé s'en sont mis en possession,
est tout different de celuy qu'elles
avoient au tems de saint Augustin parmi les Catholiques, & qui étoit leur
sens naturel ; & que celuy qui est aujourd'huy reprouvé par l'Eglise, est un
sens odieux que les Pelagiens & les Semipelagiens y donnoient, & qu'il a
plû à nos Novateurs d'y donner aussi.

Pour me faire aisément comprendre-
dre sur un point aussi important que
celuy-là, il faut remarquer que la question dont on disputoit autrefois entre
les Docteurs Catholiques & les Pelagiens, sçavoir, si l'homme peut vivre-
sans peché ; que cette même question,
dis-je, est encore aujourd'huy traitée
dans l'école, & prouvée de la même-
maniere qu'on la traitoit & qu'on la
prouvoit autrefois ; que l'opinion Catholique sur ce sujet est attaquée par les
mêmes objections, par lesquelles on
l'attaquoit alors ; mais que tout cela se

faît en d'autres termes ; & que comme
on suppose qu'il n'y a plus de Pelagiens
au monde, du moins qui fassent leur
capital de cette erreur, on ne s'avise
pas toûjours de les prendre à partie, ni
de les presser par certains principes particuliers qu'ils admettoient, ni par les
consequences impies qu'on les oblige-
roit d'avoüer en supposant leur doctrine.

Cette question se propose aujour-
d'huy de cette maniére : sçavoir si un
homme peut passer toute sa vie sans
commettre de pechez veniels. Or faire
cette question c'est demander assûrément si un homme peut vivre sans peché. Car on suppose que plusieurs ont
vêcu sans commettre de peché mortel.
C'étoit-là precisément l'état de la question, comme on le voit par plusieurs
témoignages de saint Augustin. Voicy
comme il parle dans le chapitre 64. de
son *Enchiridion* : Tout crime, dit-il, «
est peché, mais tout peché n'est pas «
crime. Ainsi nous disons que la vie «
des personnes saintes, tandis qu'ils «
vivent sur la terre, peut être sans cri- «
me ; mais si nous disons que nous «
sommes sans peché, nous nous sedui- «

S. Augustin
dit la même
chose dans le
2. livre de la
remission des
pechez, & au
l. 1. au Pape
Bonif. chap.
14.

» sons nous-mêmes, comme dit l'A-
» pôtre, & la verité n'est pas en nous.

En second lieu on repond dans l'E-
cole à cette question par plusieurs propositions. 1°. On ne peut vivre exempt
de pechez veniels sans la grace de
Dieu. 2°. Avec la grace ordinaire on
ne vit point exempt de tous les pechez
veniels. 3°. Avec une grace extraordi-
naire, telle qu'a été non seulement celle dont étoit prévenuë l'humanité de
JESUS-CHRIST, mais encore sa
sainte Mere, on peut vivre sans commettre aucuns pechez veniels. 4°. A
cette exception prés, personne n'a vécu,
n'a pû vivre & ne peut vivre sans commettre plusieurs pechez veniels.

Ces propositions ou ces réponses des
Théologiens, sont les mêmes que saint
Augustin fait en combattant l'erreur
des Pelagiens, principalement dans le
second livre de l'ouvrage *des merites &*
de la remission des pechez. Car supposant & enseignant par tout que l'on
ne peut point s'exempter de peché sans
la grace, il parle ainsi dans le chap. 6.
» Pour la solution de ces questions, si
» l'on me demande d'abord si l'on peut
» être sans peché, j'avoüerai que cela

se peut avec le secours de Dieu & la «
fidelle correspondance du libre arbi- «
tre. Ainsi, ajoûte-t-il, il ne faut pas«
aller imprudemment resister en face «
à ceux qui diroient que l'homme peut «
être sans peché en cette vie : car nier «
que cela se puisse, c'est faire tort au «
libre arbitre qui a inclination que la «
chose fût ainsi, & au secours que «
nous donne la puissance & la miseri- «
corde de Dieu pour le faire..... Pour «
toutes ces raisons donc, & pour plu- «
sieurs autres, je tiens pour certain «
que Dieu n'a rien commandé d'im- «
possible à l'homme, & qu'il a des se- «
cours en son pouvoir pour nous ren- «
dre possible ce qu'il nous commande; «
& ainsi l'homme peut, s'il veut, avec «
la grace de Dieu être sans peché. »

Pour ce qui est de la seconde que- cap. 7.
stion, continuë-t-il, sçavoir s'il y a
quelqu'un qui vive sans peché, je ne le
crois pas ; & il prouve sa reponse par
plusieurs passages de l'Ecriture ; il ex- cap. 11.
cepte, comme nos Théologiens, l'humanité sainte de Jesus-Christ, &
s'il n'ajoûte pas en cet endroit-là la
sainte Mere de Dieu, il le fait dans un
autre livre qu'il composa quelque tems

aprés celuy-cy, contre les mêmes Pelagiens : c'est le livre *de la nature & de
la grace : Exceptons*, dit-il, *la sainte
Vierge Marie, laquelle pour l'honneur
du Seigneur je ne fais point entrer en question, quand il s'agit des pechez.* Tout
cela est la même chose que ce que disent nos Théologiens, que l'homme ne
pouvant pas vivre exempt de tout peché veniel sans la grace, il le peut avec
son secours ; non pas avec le secours
ordinaire, puisque personne ne le fait,
mais avec des secours extraordinaires,
tels qu'étoient ceux dont Dieu com-
bloit la sainte humanité de JESUS-
CHRIST & la sainte Vierge. La re-
solution de ces questions fait la plus
grande partie du livre de S. Augustin.

En troisiéme lieu, les Theologiens
demandent pourquoy il n'y a personne
qui vive sans peché, & pourquoy on
ne peut vivre sans peché, & ils répondent que cela vient de la fragilité
de nôtre nature & de la foiblesse de
nôtre raison, qui ne se possede pas toûjours assez & qui est sujette à une infinité de surprises. Et qu'est-ce que
cette fragilité, cette foiblesse, ces surprises, sinon cette infirmité & cette

ignorance, cette infidelité de nôtre volonté, que S. Augustin repondant à la
même demande apporte pour cause de
ce que nul homme n'est sans peché ? ce
Voyons, dit-il, comment nous repon-
drons à la troisiéme question que nous
nous sommes proposée, pourquoy la
volonté de l'homme soûtenuë de la
grace pouvant être sans peché dans
cette vie, elle n'a pourtant pas ce bon-
heur. Je pourrois répondre sans nul
embarras & tres-veritablement, que
c'est parce que les hommes ne le veulent pas : mais si on me demande
pourquoy ils ne le veulent pas, cette
question nous meneroit bien loin.
Mais cependant, sans préjudice d'u-
ne recherche plus exacte, je diray que
les hommes ne veulent pas faire ce
qui est juste, parce qu'ils ne le voyent
pas ou qu'il ne leur plaît pas,… L'i-
gnorance donc & l'infirmité sont des
défauts qui empêchent nôtre volonté
de se porter vers le bien, & de s'éloi-
gner du mal. Et qui est-ce qui nous
découvrira ce que nous ne voyons
point, ajoûte-t-il un peu plus bas ?
C'est la grace de Dieu qui aide les
volontez des hommes ; & si elle ne

*cap. 17. l. 2.
de peccator
meritis.*

> les aide pas , c'est leur faute.

En quatriéme lieu , les Théologiens se font cette objection. Nous ne pouvons pas éviter tous les pechez veniels en cette vie. Il y a donc pour nous une nécessité de pecher. Mais n'est-ce pas là l'objection que les Pelagiens faisoient à saint Jerôme & à saint Augustin pour soûtenir leur erreur ? & nos Theologiens ne pourroient-ils pas donner , & ne donnent-ils pas quelquefois le même tour à cette objection que les Pelagiens y donnoient , & ne pourroient-ils pas la tourner en autant de différentes manieres que les Pelagiens le faisoient ? Ne pourroient-ils pas se faire les dilemmes de Celestius , que saint Augustin refute & qui se reduisent à ce raisonnement ? *Puisque l'homme est obligé d'être sans peché , puisque Dieu luy dit d'être parfait comme son Pere celeste est parfait , il peut donc être sans peché , autrement les Commandemens de Dieu seroient impossibles.*

Mais en cinquiéme lieu , que répondent les Theologiens à cette objection ? *nous ne pouvons éviter tous les pechez veniels en cette vie , il y a donc pour nous une necessité de pecher ?* Ils distinguent

l'antecedent ou plûtôt ils en develo-
pent le sens, & disent que cet antece-
cedent est faux de tous les pechez veniels pris chacun en particulier, ainsi
que l'enseigne saint Thomas avec tous
les Catholiques : mais qu'il est vray de
tous pris en general : c'est-à-dire, qu'il *1. 2. quest 74.*
n'y en a pas un seul que nous ne com- *art. 3. ad 2.*
mettions avec quelque liberté plus ou
moins grande, mais que les occasions
de les commettre sont si frequentes par
rapport à nôtre foiblesse, qu'il est impossible que nous les évitions tous ; &
c'est avec le Concile de Trente qu'ils *Sess. 6. can. 23.*
parlent de la sorte.

Et quand les Theologiens s'expri-
ment ainsi, ce n'est qu'aprés saint Jerôme traitant la même matiére. Crito-
bule (c'est le nom que saint Jerôme
donne à Pelage dans ses dialogues)
avoit fait son sophisme ordinaire ; ou «
les choses que Dieu nous a comman- «
dées sont possibles, ou elles sont im- « *Lib. 1. Dial.*
possibles : si elles sont possibles, il est «
en nôtre pouvoir de les faire : si elles «
sont impossibles, nous ne serons «
point coupables de ne les pas faire : «
& par consequent, soit que nous «
puissions accomplir les commande- «

» mens de Dieu, soit que nous ne
» puissions pas les accomplir, il ne tient
» qu'à nous d'être sans peché si nous
» voulons.

S. Jerôme repond que ce raisonnement ne vaut rien ; & le montre par des
exemples de choses qui prises toutes en
particulier sont possibles, & qui prises
toutes ensemble sont impossibles : qu'il
n'est pas impossible par exemple de
trouver un Evêque qui ait en particulier quelque-sunes ou plusieurs des qualitez que saint Paul demande de la part
de Dieu dans celuy qui est élevé à cette dignité , mais qu'on n'en trouve
point qui les ait toutes sans nul défaut
» opposé. Je demeure donc d'accord,
» dit-il en concluant, que les choses
» que Dieu a commandées sont toutes
» possibles ; mais cependant nous ne
» pouvons pas les accomplir toutes sans
» nul manquement ; non pas par le dé-
» faut de la nature que Dieu auroit créée
» mauvaise, (car vous ne manquerez
» pas à vôtre ordinaire d'en rejetter la
» faute sur Dieu,) mais par la foiblef-
» se de nôtre ame qui se lasse & qui
» pour cela même ne peut pas avoir
» toutes les vertus.

Et plus bas : je le veux bien, dit «
Pelage, je vous accorderai que per- «
sonne n'a été sans peché durant son «
jeune âge ; mais oserez-vous me nier «
qu'il y ait eu plusieurs saints & justes «
personnages, qui aprés avoir enfin «
quitté le vice se sont donnez à la ver- «
tu, & par là ont vécu sans péché ? Je «
vous l'ay déja dit dés le commence- «
ment, repond saint Jerôme, qu'il est «
en nôtre puissance de pecher ou de ne «
pas pecher, d'étendre la main au bien «
& au mal : & en vous disant cela, je «
vous fais voir que je ne pretens pas «
ruiner le libre arbitre ; mais il faut «
l'entendre avec de certaines modifi- «
cations, pour un certain tems, & au- «
tant que la fragilité humaine le peut «
permettre. Car être absolument im- «
peccable pour toûjours, c'est ce qui «
ne convient qu'à Dieu seul & à son «
Verbe, qui s'étant fait chair, ne s'est «
pas pour cela rendu sujet aux défauts, «
ni aux pechez ausquels la chair nous «
assujettit tous tant que nous sommes. «
Et quoique je vous accorde qu'on peut «
passer quelque peu de tems sans pe- «
cher, vous ne m'obligerez pas à con- «
venir qu'on le puisse pour toûjours. «

lib. 3. *Dial.*

» Je puis jeûner, veiller, me prome-
» ner, lire, chanter, être assis, dormir ;
» mais puis-je le faire toûjours ?

Mais pour ne plus douter du sens
que Pelage donnoit à sa proposition, il
n'y a qu'à voir la maniére dont il ex-
posoit l'état de cette question. Saint
Jerôme luy parle ainsi au commence-
» ment du premier livre. Dites-moy ,
» je vous prie , touchant la proposition
» que vous venez d'avancer , qu'au
» moins avec le secours de Dieu l'hom-
» me peut être sans peché , s'il veut ;
» comment l'entendez-vous ? Preten-
» dez-vous qu'il puisse être sans peché
» pour toûjours , ou seulement pour
» quelque espace de tems assez court ?
» Vous me faites-là , repond Pelage ,
» une question fort inutile : parce que
» quand je vous répondrois que j'en-
» tends ma proposition d'un petit espa-
» ce de tems , j'aurois toûjours droit
» de conclure qu'il faut l'entendre pour
» toûjours. Car ce que vous m'accor-
» dez que je puis faire pendant quelque
» tems , il faut que vous conveniez que
» je le puis faire pour toûjours. Je ne
» vous comprends pas encore assez re-
» pond saint Jerôme. Hé ! quoy ! re-

lib. 1. dia.

prend Pelage , avez-vous l'esprit si «
bouché , que vous ne voyez pas les «
choses les plus évidentes ? Je n'ay «
point de honte, dit à cela saint Jerô- «
me , d'avoüer que je n'entends pas ce «
que je n'entends pas en effet : & puis il «
est à propos de s'entendre parfaite- «
ment l'un l'autre sur l'état de la que- «
stion dont nous allons disputer. Je dis «
donc, repart Pelage , que quiconque «
peut s'abstenir de pecher un jour, peut «
s'en abstenir deux jours : que qui le «
peut deux jours le peut trois jours, & «
puis trente , & de cette maniere trois «
cens & trois mille , & enfin autant «
qu'il voudra s'en abstenir. «

Aprés tout cela, je croy qu'il est évident quel est le sens de la proposition
des Pelagiens , quelle étoit leur maniere de disputer en cette matiere, quels
étoient leurs sophismes , qui con-
cluoient , comme on parle dans l'Ecole , du sens distributif au sens collectif,
du particulier au general ; quel étoit le
sens de la proposition de saint Jerôme,
lorsqu'il disoit qu'il y avoit une necessité de pecher , & que tout ce qu'ont
fait les Theologiens sur cet article ,
c'est de se servir d'autres termes plus

précis & plus propres à s'expliquer dans une dispute, où l'on ne cherche qu'à se faire entendre en peu de mots.

Ce que je viens de montrer sur tout cela dans saint Jerôme se peut aussi voir dans saint Augustin en une infinité d'endroits. Je me contente d'en rapporter deux ou trois.

Au livre *de la nature & de la grace*, où il examine celuy de Pelage intitulé *de la nature*, & où il traite la question *cap. 12.* » de l'impeccabilité. Pelage, dit-il, » traitant dans son livre, de la différen- » des pechez, & se faisant cette obje- » ction, que quelques-uns disent qu'on » ne peut éviter de certains petits pe- » chez, dont la seule multitude des » occasions que nous avons de les faire » suffit pour les rendre inévitables, (il est clair que ceux qui faisoient cette ob- jection à Pelage, c'étoit les catholiques, & cette objection étoit la preuve de saint Jerôme, de saint Augustin & des Theologiens d'aujourd'huy, pour mon- trer qu'on ne peut vivre sans peché.) Voicy maintenant le sophisme par le- » quel Pelage repond : si on ne peut pas » les éviter, dit-il, il ne faut donc pas » les reprendre & les corriger : c'est-à-

dire, selon luy, que ce ne sont pas des «
pechez. Saint Augustin le refute par «
l'autorité de l'Ecriture, & ajoûte : «
pour ce qui est de ce que dit Pelage, « *cap. 13.*
lors qu'on luy demande si luy-même «
est sans peché, & qu'il répond que «
de ce qu'il n'est pas sans peché, il faut «
l'imputer à sa negligence, il dit fort «
bien : mais cela le doit engager à prier «
Dieu afin que cette même negligence «
qu'il avoüe luy-même être coupables «
ne le domine point. «

Sur le Pseaume 129. Je peux, dit-il, «
éviter les homicides, les adulteres, «
les larcins, les parjures, les malefi- »
ces, l'idolatrie ; mais puis-je éviter «
tous les pechez de la langue & tous «
les pechez du cœur ? «

Au sermon 41. des Saints, aprés «
avoir fait un dénombrement des pechez que l'on peut regarder comme le-
gers ; ces pechez, dit-il, & d'autres «
semblables peuvent être mis au nom- «
bre des petits pechez ; desquels, com- «
me j'ai déja dit, le nombre est innom- «
brable, & dont il est impossible non «
seulement que le commun des Chré- «
tiens, mais que les plus saints mêmes «
soient jamais entierement exempts, «

Tout cecy supposé, je soûtiens ce que
j'ai dit un peu auparavant, que les expressions les plus fortes de saint Augustin, & celles-là mêmes pour lesquelles
il paroît que l'Auteur du libelle a dit
que ce Saint s'est écarté de la Tradition de l'Eglise, pourront être admi-
ses par les Theologiens Catholiques
selon leurs principes : & je maintiens
que pourveu que le lecteur ait present à
l'esprit tout ce que je viens de dire
touchant cette erreur de Pelage, *que*
l'homme peut vivre long-temps ou toû-
jours sans peché ; & tout ce que j'ai
ajoûté de la methode dont les Peres la
refutent ; & sur le sophisme dont Pelage & son disciple Celestius se servoient pour se tirer d'embarras & pour
surprendre les Catholiques simples : je
maintiens, dis-je, que supposant tout
cela, on peut recevoir les propositions
qui paroissent les plus dures en cette
matiere, & qui separées des principes
de saint Augustin & de ceux des Théologiens Catholiques qui en font connoître le vray sens, feroient le plus de
peur.

Ouy, tout cela supposé, je dis hardiment avec saint Augustin à l'hereti-

que Julien : vous vous trompez bien «
fort, si vous pensez qu'il n'y a nulle «
necessité de pecher; & si vous ne com- «
prenez pas que c'est la peine de ce pe- «
ché qui n'a point été commis par au- «
cune necessité. Cette proposition est «
aussi vraye qu'il est vrai selon l'Ecri- «
ture, selon saint Augustin & selon la «
Theologie Catholique, qu'on ne peut
vivre sans peché depuis le peché d'A-
dam, qui est en nous la source de ces
deux grandes maladies habituelles, dont
parle si souvent saint Augustin, la concupiscence & l'ignorance, la difficulté
de faire le bien & celle de le connoître. Et il est aussi vrai qu'il y a pour
nous en ce sens une necessité de pecher,
qu'il est vray que nous ne pouvons pas
avoir toûjours une attention parfaite à
nos devoirs, & que nôtre fragilité
n'est point à l'épreuve d'une multitude
infinie d'occasions que nous avons de
tomber : en un mot, dés-là qu'il est
impossible que nous évitions tous les
pechez, c'est une necessité que nous
tombions dans quelques-uns.

On dira sans erreur avec le même
saint Augustin, que le genre humain «
est plein des pechez qui ont leur sour- «

» ce dans la necessité où nous naissons
» d'ignorer nos devoirs, & qui nous
» feront dire à Dieu avec David, *Sei-*
» *gneur ne vous souvenez pas des pechez*
de ma jeunesse, ni de mes ignorances.

Nous supposerons avec le même
» saint Docteur, qu'il y a plusieurs pe-
» chez qui sont veritablement pechez,
» qui échappent à nôtre connoissance
» & à nôtre memoire, soit à cause de
» l'habitude qui nous les fait commet-
» tre, soit à cause du peu de reflexion
» que nous faisons en les commettant,
» & pour lesquels nous dirons comme
» luy avec le Prophete *Delicta quis in-*
telligit ? qui est-ce qui connoît tous ses
pechez ?

Et ainsi par ce principe tres-vray &
si fondé sur l'experience, nous nous
moquerons avec saint Jerôme d'un Pelagien qui viendra nous dire à cette
» occasion : hé ! je vous prie, quelle ju-
» stice y a-t-il en cela ? Quoy, je me
» trouverai coupable d'un peché dont
» ma conscience ne me fera nul repro-
» che ? Je serai châtié pour une chose,
» dont je n'ai pas la moindre connois-
» sance ? Et comment me traiteroit-on
» autrement si j'avois peché de mon
» plein gré ?   Nonobstant

Nonobstant l'idée que tous les Theologiens nous donnent du peché actuel,
qui, selon eux, est essentiellement volon-
taire, nous dirons tous tant que nous
sommes (& les Saints encore plus que
les autres) nous dirons, j'ay peché
malgré l'inclination & le desir que
j'avois de ne le pas faire ; & de pecher ainsi, c'est la peine du peché d'A-
dam : *Invitus erravi : invitum autem er-
rare pœna peccati est.* Parce que nonobstant les bonnes resolutions que font les
saints, & cette disposition generale où
ils sont de ne point offenser Dieu, cependant leur fragilité en cent petites
occasions les fait manquer à cette fidelité parfaite qu'ils luy ont promise.
Comment soutenez-vous, dit saint
Jerôme aux Pelagiens, que l'homme
peut-être sans peché lors que vous
entendez l'Apôtre & tous les fidelles
qui disent qu'il n'est pas en leur pouvoir de faire ce qu'ils veulent faire,
ut non quæ volumus, illa faciamus ?

Mais pour ne pas faire un plus long
détail de ces sortes de propositions, qui
seroit aussi ennuyeux qu'inutile, il est
visible que toutes paradoxes qu'elles
paroissent, quand on les considere en

F

*Aug. Annot.
in Job. c. 14.*

*lib. 2. contra
Pelag.*

Gal. 5.

elles-mêmes & separées de leur principe, elles n'ont rien que de tres-catholique & de tres-naturel, lors qu'on
les compare avec les dogmes des Pelagiens ausquels les Peres les opposoient.
Car tout cela ne veut point dire autre
chose, sinon que par le peché d'Adam
nous avons perdu ce domaine parfait &
absolu que nous aurions eu sur toutes
nos passions; l'avantage de cette raison
pleine vive & toûjours presente à elle-
même qui nous auroit rendus incapables de toutes surprises, à la faveur de
laquelle, sans exclure cependant la
grace de Dieu, il n'y auroit eu ni pechez d'infirmité, ni pechez d'ignorance, d'oubli, d'inadvertance; & dont les
lumieres n'étant ni obscurcies ni dimi-
nuées par aucunes tenebres, nous auroient pu conduire, pour me servir de
l'expression du Prophete, dans les sen-
tiers des commandemens de Dieu, sans
nous égarer jamais le moins du monde, sans y faire nulle de ces fausses dé-
marches, que la foiblesse & la fragilité
des plus saints leur font faire en mille
rencontres particulieres contre les bons
desseins qu'ils forment en general, &
malgré les desirs fervens qu'ils ont con-

çus mille fois de plaire à Dieu en toutes choses autant qu'il leur sera possible,

C'est ainsi, c'est sur ces sortes de regles qu'il faut examiner la doctrine des
saints Peres pour en porter un jugement équitable. Il ne faut pas toûjours
prendre leurs expressions absolument,
mais par rapport aux erreurs qu'ils attaquent. Il faut les suivre pas à pas
dans leurs disputes contre les heretiques, ne pas decider de leurs sentimens
sur des propositions incidentes, mais
sur le fonds des matieres qu'ils traitent.
C'est assûrément ce que n'a pas fait le
nouvel adversaire de saint Augustin
dans le temeraire jugement qu'il a porté sur la doctrine de ce Saint, & en disant qu'il a abandonné la Tradition des
quatre premiers siecles sur le libre arbitre. Mais c'est ce que nous continue-
rons de faire sur l'article de la grace,
où il n'a pas eu de honte d'attribuer à
ce grand Docteur les erreurs de Calvin.

CHAPITRE II.

Où l'on examine si saint Augustin,
contre la tradition des quatre pre-
miers siecles, a enseigné que la grace
fait agir necessairement la volon-
té de l'homme.

pag. 321.

» SElon le libelle dont il s'agit, saint
» Augustin a enseigné que depuis la
» chute d'Adam l'homme a presente-
» ment besoin d'une grace qui soit d'u-
» ne force insurmontable, c'est-à-dire,
» qui soit maîtresse de son libre arbi-
» tre ; qu'il ne luy suffit pas mainte-
» nant d'avoir comme autrefois une
» grace dont il soit le maître ; mais
» qu'il luy en faut une qui le conduise
» & qui le domine, à cause de l'infir-
» mité où il est reduit , parce qu'à
» moins d'un tel secours, il ne man-
» queroit pas de succomber aux tenta-
» tions de la vie.

S'il est vrai que saint Augustin ait
enseigné que dans l'état de la nature
corrompuë la grace *est d'une force in-*

surmontable, & qu'elle soit tellement *maîtresse de son libre arbitre, & le domine*, de sorte qu'il ne puisse resister, il est certain que saint Augustin s'est éloigné de la Tradition des quatre premiers siécles : & bien plus, sa doctrine a été condamnée en plusieurs rencontres par l'Eglise & sur tout dans le Concile de Trente & par les constitutions des Papes Innocent X. & Alexandre VII. reçûës de toute l'Eglise, par lesquelles la seconde & la troisiéme proposition de Jansenius, qui contiennent ces erreurs, sont anathematisées comme heretiques ; on doit enfin le regarder comme l'Auteur des heresies de Luther, de Calvin & de Jansenius. Mais c'est sur cette calomnie atroce que j'entreprends de le justifier contre le temeraire écrivain qui la luy fait avec autant d'insolence que d'injustice.

Seff. 6. can. 4. & 6.

ARTICLE I.

Premier & second moyen de justifica-
tion de la doctrine de saint Au-
gustin sur ce sujet.

CE premier moyen consiste dans ce
que j'ay démontré dans le chapitre precedent, que saint Augustin a toûjours enseigné que dans l'homme, depuis la chute d'Adam, il y avoit un libre arbitre, une puissance d'agir ou de
ne pas agir par son choix, de faire le
bien avec le secours de la grace, ou de ne
le pas faire. Car il est visible que si la
grace le faisoit agir necessairement, il
n'auroit plus de libre arbitre. Ainsi
avoir montré, comme j'ai fait, que saint
Augustin a reconnu le libre arbitre
dans l'homme aprés la chute d'Adam,
c'est avoir prouvé que la grace ne le necessite pas.

Le second moyen est de montrer
dans les livres de saint Augustin des
propositions & des principes visiblement contradictoires à la doctrine
qu'on ose luy attribuer. Les voicy.

Sa misericorde nous prévient en «
toutes choses, mais suivre la voca- «
tion de Dieu ou de ne la pas suivre, «
cela dépend comme je l'ai dit, de nô- «
tre propre volonté. *In omnibus miseri-* « lib. de spiritu
& litt. cap. 34.
cordia ejus prævenit nos, consentire au-
tem vocationi Dei, vel ab ea dissentire,
sicut dixi, propriæ voluntatis est. Si cela ne veut pas dire que la volonté de
l'homme peut resister à la grace, j'a-
voüe que je n'entends pas le latin ; &
si saint Augustin en s'exprimant de la
sorte a pensé autrement, il faut dire
qu'il n'a pas voulu être entendu ; voicy
encore un grand nombre d'autres passages qui ne sont pas moins exprès.

Pelage dans son livre *de la nature*
ayant cité pour appuyer ses dogmes, des
passages de quelques Peres des siecles
precedens, en cita aussi un de saint Jerôme qui vivoit encore, conçû en ces
termes : Dieu nous a donné un libre «
arbitre, & nous ne sommes point en- «
traînez necessairement vers le bien ou «
vers le mal : car si la necessité nous «
dominoit, il n'y auroit point pour «
nous de recompense, *alioquin ubi neces-*
sitas, nec corona est.

Que répond saint Augustin là-dessus ? Non seulement il souscrit à cette belle sentence de saint Jerôme ; mais encore surpris qu'on luy en fasse une objection, il s'écrie avec une espece » d'indignation : Qui est-ce, dit il, qui » ne recevra de tout son cœur cette ve-» rité ? Qui est-ce qui osera la contre-» dire ? mais la raison pourquoy en fai-» sant le bien, il n'y a point de necessité » qui nous lie, c'est que la charité mê-» me nous donne la liberté. *Quis non toto corde suscipiat ? quis aliter conditam humanam neget esse naturam ? sed in rectè faciendo, ideo nullum est vinculum necessitatis, quia libertas est caritatis.* C'est-à-dire, que la grace nous donne la liberté de faire le bien, liberté que nous n'avons pas sans elle.

C'est suivant la même pensée qu'il parle en ces termes au livre *de l'esprit* » *& de la lettre.* Le libre arbitre n'est » point rendu inutile par la grace ; mais » elle le retablit, parce que la volonté » est guérie par elle, afin qu'elle puisse » aimer librement la justice. *Liberum arbitrium non evacuatur per gratiam, sed statuitur ; quia gratia sanat volun-tatem, quâ justitia liberè diligatur.*

Dans le chapitre suivant il se propose

cette

cette question, sçavoir si la foy est en
nôtre puissance : *Utrùm fides ipsa in
nostra constituta sit potestate.* Il dit ensuite qu'une chose est en nôtre pouvoir,
quand on la fait si l'on veut, ou qu'on
ne la fait pas si l'on ne le veut pas. *Hanc
dicimus potestatem, ubi voluntati adja-
cet facultas faciendi : unde hoc quisque in
potestate habere dicitur, quod si vult,
facit, si non vult, non facit.* Il faut donc
voir, ajoûte-t-il, s'il dépend de nous
de croire ou de ne pas croire : *Vi-
de nunc utrùm quisque credat, si no-
luerit, aut non credat, si voluerit.* Mais
il seroit absurde de dire le contraire,
puisque croire n'est point autre chose,
ajoûte-t-il, que d'accorder son consentement à la verité que l'on croit.
*Quod si absurdum est (quid est enim
credere, nisi consentire verum esse quod
dicitur :)* Or le consentement dépend
de nôtre volonté ; donc la foy est en
nôtre puissance : *consensio autem utique
volentis est : profectò fides in potestate est.*
Il ajoûte ensuite contre les Pelagiens,
que cette puissance de croire nous est
donnée de Dieu par la grace.

Au livre *de la prédestination des Saints* chap. 5.
sur ce passage de saint Paul ; *Qu'avez-*

» *vous que vous n'ayez pas reçû ?* Qui-
» conque, dit-il, ose dire, j'ay la foy
» de moy-même, je ne l'ay pas reçuë,
» contredit cette évidente verité : non
» pas que de croire ou de ne pas croire
» ne soit au pouvoir de la volonté de
» l'homme : mais la volonté est pre-
» parée par le Seigneur dans les élûs :
non quia credere vel non credere non est
in arbitrio voluntatis humanæ, sed in
electis præparatur voluntas à Domino.

Quæst. 2.

Dans la lettre à Hilaire : dés-là
qu'on dit que la grace nous aide, cela
dit il, suppose le libre arbitre, bien
loin qu'on puisse conclure de là qu'elle
nous l'ôte : *neque enim voluntatis arbi-*
trium ideò tollitur, quia juvatur ; sed
ideò juvatur, quia non tollitur. C'est dans
la même pensée qu'il prévient ailleurs
une objection qu'on luy pouvoit faire,
sur ce que, pour prouver que nous ne
sçaurions faire de bonnes œuvres sans
la grace, il s'étoit servi de ces paroles,
Serm. 13. de
verb. Apost.
quotquot spiritu Dei aguntur, hi filii
Dei sunt, ceux-là sont enfans de Dieu,
qui sont poussez par l'esprit de Dieu.
Il s'objecte sur cela : quelqu'un me
dira ; il s'ensuit donc qu'on nous fait
agir & que nous n'agissons pas : *dices*

mihi aliquis : ergo agimur , non agimus.
Il répond , on vous fait agir & vous
agissez aussi ; *& agis & ageris.* Dés-là
que je dis que Dieu nous aide , dés-là
je vous marque que vous agissez aussi :
*ipsum nomen adjutoris præscribit tibi ,
quia & tu ipse aliquid agis.* Car si vous
ne contribuïez pas de vôtre consentement , on ne pourroit pas dire que
vous êtes aidé , *nemo adjuvatur si ab
illo nihil agatur.* Si vous n'aviez pas
de part à l'action , on ne pourroit pas
dire que Dieu est vôtre cooperateur : *si
non esses operator , ille non esst cooperator.* Car il ne seroit ni vôtre aide ni
vôtre cooperateur , si vous ne faisiez
rien : *non enim adjutor ille est , si nihil
agatur ; non enim cooperator est ille , si
nihil operamini.* Ce même raisonnement
est encore employé plusieurs fois par
saint Augustin au livre de la *perfection
de la justice* ; & en divers endroits de
ses autres livres. Et c'est ainsi qu'à tout
propos il s'appliquoit à faire entendre
à ses lecteurs , à qui les Pelagiens vouloient persuader , que pour établir la
grace, il détruisoit le libre arbitre ; c'est
ainsi , dis-je , qu'il s'appliquoit à leur
faire entendre qu'ils avoient part à leur

bonnes actions par le libre consentement qu'ils donnoient à la grace, &
qu'elle ne leur imposoit nulle necessité
d'agir.

Dans la lettre à Vital : *Ita fit ut*
neque fideles fiant nisi libero arbitrio, &
tamen illius gratiâ fideles sint. Sic &
Dei gratia non negatur..... & liberum
arbitrium ita deffenditur, ut humilitate
» *solidetur.* Par là on voit que ceux qui
» embrassent la foy ne deviennent fi-
» delles que par leur liberté ; & que
» cependant ils sont fidelles par la gra-
» ce.... De cette sorte on ne nie pas la
» grace, & on defend tellement le libre
» arbitre, qu'il demeure fondé dans
» l'humilité.

Nous sçavons, dit-il dans la même
lettre, que ceux qui croient en Dieu, le
font par leur volonté propre & par leur
libre arbitre : *Scimus eos qui corde proprio*
credunt in Dominum, sua id facere vo-
luntate & libero arbitrio.

»   Et encore, comment est-ce, dit-il
» à Vital, qu'on accuse de nier le libre
» arbitre de la volonté, ceux qui con-
» fessent que tout homme qui croit de
» cœur en Dieu, ne croit que par la li-
» berté de sa volonté ; veu qu'au con-

traire ceux-là attaquent le libre ar- «
bitre qui combattent la grace, par la- «
quelle le libre arbitre est rendu veri- «
tablement libre pour choisir & faire «
le bien. *Quomodo dicuntur negare libe-* «
rum voluntatis arbitrium. Qui confiten-
tur omnem hominem, quisquis suo corde
credit in Deum, non nisi sua libera cre-
dere voluntate : cùm potiùs illi impugnent
arbitrium liberum, qui oppugnant Dei
gratiam, quâ verè ad bona eligenda &
agenda sit liberum ?

Tout le dessein du livre *de la grace*
& du libre arbitre, est de montrer l'accord de l'une avec l'autre, & qu'il est
également vray que le libre arbitre ne
peut faire les bonnes œuvres sans la
grace, & que la grace ne détruit point
le libre arbitre.

Que l'homme donc, conclut S. Au- «
gustin, aprés plusieurs preuves de cette «
verité, que l'homme quand il peche «
n'en rejette pas la faute sur Dieu ; «
mais qu'il se l'impute à soy-même : «
& quand il fait quelque chose de bien, «
qu'il sçache que sa propre volonté y a «
part : *Nemo ergo Deum causetur in corde* cap. 2.
suo, sed sibi imputet quisque dum peccat :
neque cum aliquid secundùm Deum ope-

ratur, *alienet hoc à propria voluntate.* Il
» doit alors esperer la recompense de
» sa bonne œuvre de celuy dont il est
» dit, qu'il rendra à chacun selon ses
» œuvres. *Tum speranda est boni operis
merces ab eo, de quo dictum; qui reddet
unicuique secundùm opera sua.*

Il se sert de ces paroles de l'Apôtre
aux Corinthiens, pour montrer la puissance de la volonté, & qu'elle n'agit
point par la necessité ; *potestatem voluntatis ostendit ubi ait : non habens necessitatem, potestatem autem habens suæ
voluntatis.*

Il le prouve encore au chapitre V.
par ces autres paroles de l'Apôtre : nous
vous avons prié de ne point recevoir la
grace de Dieu en vain : car, ajoûte-t-il,
pourquoy l'Apôtre leur feroit-il cette
priere, si la grace détruisoit leur libre
arbitre ?

Il ajoûte cet autre passage du même
saint Paul, *non pas moy seul, mais la
grace de Dieu avec moy* ; sur quoi saint
Augustin fait ce Commentaire. Ce
» n'est pas moy seul, mais la grace avec
» moy ; d'où s'ensuit que ce n'est ni la
» grace seule, ni luy seul, mais la gra-
» ce de Dieu avec luy. *Ac per hoc nec*

gratia Dei sola, nec ipse solus, sed gratia Dei cum illo.

Dans la lettre que saint Augustin écrivit aux Moines d'Adrumete en leur envoyant son livre *de la grace & du libre arbitre.* Il faut que vous croyez, « leur dit-il, conformément aux sain- « tes lettres & le libre arbitre de l'hom- » me, & la grace, *quia & liberum est* « *hominis arbitrium & gratia Dei...* . Dés-là que Dieu nous commande, il exige nôtre obeïssance, & il n'y en au- roit point sans libre arbitre : *quæ nulla potest esse sine libero arbitrio.* Mais si nous n'avions point besoin de grace, nous ne dirions point à Dieu, Seigneur, donnez-moy de l'intelligence, *da mihi intellectum.*

Et dans une autre lettre aux mêmes Moines : la foy, dit-il, ne permet « point de nier le libre arbitre, soit pour « le mal, soit pour le bien ; mais aussi « elle ne luy attribuë pas le pouvoir de « se convertir, ou de perseverer dans « le bien sans la grace.... Ne vous dé- « tournez ni à droit ni à gauche, c'est- « à-dire, ne défendez pas tellement le « libre arbitre, que vous luy attribuiez « les bonnes œuvres sans la grace. »

G iiij

A tous ces passages tirez des seuls livres que saint Augustin à écrits contre les Pelagiens, je n'en ajoûterai plus que deux du premier livre à Simplicien Evêque de Milan successeur de saint Ambroise, ouvrage auquel saint Augustin renvoye luy-même les Semipelagiens dans le livre *de la prédestination des saints*. Il y enseigne expressément, que bien loin que la grace necessite on y peut resister ; & qu'on y resiste en effet.

Personne, dit saint Augustin, ne croit s'il n'est appellé à la foy : mais tous ceux qui sont appellez ne croyent pas. *Nemo itaque credit non vocatus, sed non omnis credit vocatus : multi enim vocati, pauci verò electi.*

Il y ajoûte encore la difference qu'il y a entre la grace prévenante & la grace cooperante : à la premiere selon luy, nous n'avons aucune part, au lieu que nous en avons à l'effet de la seconde : *ut velimus enim, suum voluit esse & nostrum ; suum vocando, nostrum sequendo.*

Le même Saint dans un autre ouvrage qu'il avoit exactement revû sur la fin de sa vie, exprime plus au long la pensée qu'il a mise en deux mots dans le premier de ces deux passages. Voicy comme il parle au livre des quatre-vingt-deux questions.

Lib. 1. Retract. cap. 26.

À ce festin que le Seigneur dit dans l'Evangile avoir été preparé, ni tous ceux qui y avoient été invitez ne vinrent pas, ni ceux qui y vinrent n'auroient pû y venir s'ils n'y avoient été appellez. C'est pourquoy ceux qui y vinrent ne doivent pas s'attribuer d'y avoir été, d'autant qu'ils y avoient été appellez ; ni ceux qui ne voulurent pas s'y trouver ne doivent point en attribuer la faute à d'autres, mais à eux seuls ; parce qu'il étoit en leur liberté d'y venir y ayant été appellez. «

Quæst. 68.

Ad illam enim cœnam quam Dominus dicit in Evangelio præparatam, nec omnes qui vocati sunt, venire voluerunt ; neque illi qui venerant, venire possent nisi vocarentur : itaque nec illi debent sibi tribuere qui venerunt, quia vocati venerunt, nec illi qui noluerunt venire, debent alteri tribuere ; sed tantùm sibi ; quoniam ut venirent vocati, erat in libera voluntate.

Saint Augustin ne pouvoit pas s'expliquer plus clairement, pour nous faire

comprendre que la grace ne nous necef-
fite point , qu'en marquant expreflé-
ment que le libre arbitre y refifte , comme il nous l'a marqué dans cet exemple.

Sur cette lifte de paffages pris des livres de faint Auguftin contre les Pelagiens, que j'aurois pû faire beaucoup
plus longue par plufieurs autres tirez
des mêmes livres & des autres du faint
Docteur , je n'ay que deux queftions à
faire à l'Auteur du libelle.

La premiere, fi faint Auguftin a pris
à tâche de fe contredire luy-même en
cent endroits. Car fi la doctrine qu'il
luy attribuë eft celle de ce faint Pere,
on ne peut rien voir qui y foit plus directement oppofé que tout ce que je
viens de citer de fes écrits ; & qui foit
en même tems plus conforme à la Tradition des quatre premiers fiecles , en
prenant toutes ces expreffions de faint
Auguftin dans leur fens naturel , qui
étoit celuy des Peres fes predeceffeurs.

La feconde queftion , c'eft que s'il
ne veut pas que ces expreffions de faint
Auguftin foient prifes dans leur fens
naturel , c'eft-à-dire, dans celuy qu'elles avoient au tems que les difputes

contre les Pelagiens commencerent, &
selon l'usage reçu dans la langue pendant les quatre premiers siecles, &
jusqu'à l'an 412. c'est, dis-je, de luy
demander, s'il veut faire passer ce saint
Pere pour un imposteur, qui en parlant dans les endroits citez, comme on
avoit toûjours parlé, donnoit à ses paroles un sens tout different de celuy
qu'on y avoit toûjours attaché, pensoit
tout le contraire de ce qu'il sembloit
dire, & cachoit sous des termes équi-
voques, les plus grossieres erreurs re-
jettées de tout tems dans l'Eglise : qui
sous le terme de *libre arbitre*, c'est-à-
dire, du pouvoir d'agir & de ne pas
agir, car c'étoit l'idée qu'on en avoit
alors dans l'Eglise selon nôtre Auteur
même, ne pretendoit signifier qu'une
volonté necessitée par la grace : qui
sous les termes de *consentement*, de
cooperation, de *choix* & d'autres semblables, par lesquels on n'avoit jamais entendu que des actes libres, ex-
primoit des actes qu'il n'étoit pas au
pouvoir de la volonté de ne pas pro-
duire, mais qui étoient des effets necessaires de la grace : qui faisant un livre de la grace & du libre arbitre ex-

prés pour s'expliquer & pour montrer
que l'un ne détruisoit pas l'autre, n'a-
voit point d'autre but que d'éblouïr
ceux à qui il parloit ; & à la faveur de
ces termes affectez, lesquels avoient
dans son esprit un sens tout contraire,
pretendoit leur inspirer une doctrine
toute opposée à la Tradition, & que
l'Eglise deteste encore aujourd'huy :
qui par ces artifices ne vouloit pas seulement imposer aux Pelagiens ses adversaires , & éluder leurs argumens ;
mais encore induire en erreur tous les
Catholiques par lesquels il étoit consulté & dont il étoit l'oracle : qui men-
toit hardiment en parlant aux Pelagiens
lors qu'il leur disoit qu'il convenoit
avec eux sur l'article du libre arbitre ,
& qu'il ne leur demandoit qu'une chose pour être d'accord ensemble, sçavoir
de confesser avec luy que le libre arbitre, pour faire les bonnes œuvres, étoit
prévenu & aidé de la grace : Qui se van-
toit , comme il le fait en plusieurs endroits de ses ouvrages, de suivre la Tradition de l'Eglise, lorsqu'il la détruisoit
en effet : qui tiroit avantage des expressions des Peres, pour couvrir le venin qu'il vouloit répandre , en les pre-

nant dans un sens tout opposé à leurs pensées. En un mot, qui pour établir ses nouveautez, ne faisoit rien de moins que ce qu'ont fait dans tous les siécles les plus artificieux & les plus malins heretiques.

Je ne sçay pas quel parti l'Auteur du livre que je refute prendroit dans cette alternative que je propose, & s'il m'accorderoit que saint Augustin a été ou un extravagant ou un imposteur : mais je suis persuadé que tout lecteur raisonnable qui fera attention à ce que je viens de dire, entrera avec moy dans des sentimens d'indignation contre un tel homme, & jugera qu'il ne meriteroit pas qu'on le suivit plus loin dans son temeraire écrit.

Cependant comme il est de l'honneur de saint Augustin & de celuy de l'Eglise, qui l'a toûjours regardé comme une de ses plus éclatantes lumiéres, de ne laisser aux fidelles aucun scrupule sur la pureté de la doctrine de ce grand Saint ; je vas repondre à la plus grande difficulté que l'on puisse faire la-dessus, & à ce qui fait effectivement le fondement principal du procés qu'on s'avise de luy intenter au-

jourd'huy. Voicy comme parle l'Auteur du libelle.

pag. 28.

» Saint Augustin voyant tant de gens
» scandalisez de sa nouvelle doctrine,
» crut que cela venoit de ce qu'ils ne
» l'entendoient pas bien : c'est pour-
» quoy, pour la rendre plus intelligible
» & la justifier selon son pouvoir, il
» composa divers traitez, sçavoir celuy
» *de la Grace & du libre arbitre*, celuy
» *de la Grace de Jesus-Christ*, celuy de
» *la Correction & de la grace* : dans les-
» quels il s'en explique le plus claire-
» ment qu'il luy est possible, & où il
» tâcha de repondre aux difficultez
» qu'on y trouvoit. Je ne rapporterai
» pas, continuë-t-il, les traitez en-
» tiers, & me contenterai seulement de
» marquer icy ce que ce Saint employa
» de plus considérable dans le dernier,
» qui est celuy *de la Correction & de la*
» *grace*, parce que c'est le plus fort &
» le plus ample de tous.

Puis donc que nôtre Autheur s'attache au livre de la *Correction & de la*
grace, & qu'il en fait le fort de son
dangereux système sur la doctrine de
saint Augustin, ce sera là-dessus que je
luy répondrai. Ce qui regarde la pré-

destination sera traité dans la suite. Il
ne s'agit maintenant dans ce chapitre
que d'examiner si saint Augustin a enseigné, comme l'Auteur le dit, que la
grace de l'état ou nous sommes, met
dans la necessité d'agir : qu'elle donne
le pouvoir & l'action même, sans que
le libre arbitre l'en puisse empêcher.
Ce que l'Auteur veut encore marquer,
lorsqu'il ajoûte que, selon saint Augustin, l'homme a besoin presentement,
pour faire le bien, d'une grace qui soit
maîtresse du libre arbitre & qui soit
d'une force insurmontable.

On voit bien que par ces expressions
l'Auteur fait allusion à ces paroles de
saint Augustin, au douziéme chapitre
du livre *de la correction & de la grace :*
Subventum est infirmitati voluntatis hu-
manæ, ut divina gratia indeclinabiliter &
insuperabiliter ageretur. Infirmis serva-
vit, ut ipso donante, invictissimè, quod
bonum est, vellent, & hoc deserere in-
victissimè nollent.

Ce sont effectivement ces paroles
qui ont le plus persuadé à Luther, à
Calvin & à ceux qui ont marché sur
leurs traces, que saint Augustin étoit
dans leur sentiment touchant la grace

necessitante & l'anéantissement du libre arbitre de l'homme, par la maniere
dont la grace agit sur son cœur dans
l'état de la nature corrompuë. C'est
donc sur cela que je vas tâcher de disculper saint Augustin.

Pour le faire avec plus de force &
de netteté, je garderai la même methode que j'ay déja suivie en examinant
dans le chapitre precedent son sentiment sur la necessité, où nous sommes
de pecher en l'état de la nature corrompuë : je montrerai le but que le saint
Docteur s'est proposé dans ce douziéme chapitre du livre *de la Correction &
de la grace* , & par là j'espere rendre
raison de ces fortes expressions , qui separées du reste , & regardées sans rapport à ce but , seroient fort difficiles à
soûtenir : mais qui étant bien penetrées
& bien examinées sur cette regle, n'ont
rien dans le fond que de fort Catholique. Et afin qu'on ne m'accuse pas de
vouloir rien dissimuler , je mets icy la
Traduction de ce chapitre & de celuy
qui le precede , en retranchant seulement quelques digressions qui ne font
rien au sujet.

CHAP.

CHAPITRE XI. & XII.

Du livre de la Correction & de la grace.

QUoy donc Adam ne reçut-il point de grace de Dieu ? Il en reçut sans doute & une grande, mais differente. Il étoit comblé des biens qu'il avoit reçus de la bonté de son Createur. . . . . au lieu que les Saints qui joüissent de la grace de la Redemption sont en cette vie dans les maux, & obligez de s'écrier en disant *deli-vrez-nous du mal.* Adam au milieu des biens n'avoit pas besoin que JESUS-CHRIST mourût pour luy, & ceux-cy ne sont absous du peché qui leur est propre, & de celuy qui leur est he-reditaire, que par le sang de l'agneau. Adam n'avoit point besoin de ce se-cours que ceux-cy implorent quand ils disent : *Je vois une autre loy dans mes membres, qui resiste à la loy de mon esprit, & me tient captif sous la loy du peché qui est dans mes membres. Malheureux homme que je suis, qui*

Hij

» est-ce qui me delivrera du corps de cette
» mort? ce sera la grace de Dieu par Jesus-
» Christ nôtre Seigneur. Car en eux la
» chair convoite contre l'esprit, &
» l'esprit contre la chair, & ils se trou-
» vent en peine & en peril dans un tel
» combat ; ils demandent que par la
» grace de Jesus-Christ, la for-
» ce de combattre & de vaincre leur soit
» donnée. Mais Adam n'éprouvant
» point un pareil combat de luy-même
» contre luy-même, ni ces sortes de
» troubles, joüissoit de la paix avec
» luy-même dans ce lieu de felicité
» (où il étoit.)
»   Ainsi quoique ceux dont je parle ,
» n'ayent pas besoin d'une grace si com-
» mode & si agréable , il leur en don-
» ne une plus puissante ; & peuvent-
» ils en avoir une plus puissante que le
» Fils unique de Dieu , égal à son Pere
» & coëternel , qui s'est fait homme
» pour eux , & qui étant exempt de pe-
» ché originel & de peché actuel , a
» été crucifié par les hommes pecheurs.
» . . . . Le premier homme n'a point eu
» une grace en vertu d'laquelle il ne
» voulût jamais être mauvais ; mais
» certainement il en eut une dans la-

quelle, s'il eût voulu demeurer, il «
n'auroit jamais été mauvais, & sans «
laquelle aussi il n'auroit pû être bon «
avec son libre arbitre ; mais telle ce- «
pendant qu'il pouvoit la quitter par «
son libre arbitre : parce que le libre «
arbitre suffit pour le mal, mais c'est «
peu de chose pour le bien, s'il n'est »
aidé par le bien tout-puissant. Si «
l'homme n'avoit point abandonné ce «
secours par son libre arbitre, il au- «
roit toûjours été bon ; mais il l'a «
abandonné & il a été abandonné luy- «
même : car ce secours étoit tel qu'il «
le pouvoit quitter, quand il voudroit, «
& y demeurer s'il vouloit ; mais non «
pas tel que par le moyen de ce secours «
même il voulût y demeurer. C'est-là «
la premiere grace qui a été donnée «
au premier-Adam : mais la seconde «
grace qui a été donnée par le moyen «
du second Adam est plus puissante : «
car l'effet de la premiere grace est que «
l'homme ait la justice, s'il veut : la «
seconde est donc plus puissante, puis- «
que son effet est que l'homme le veüil- «
le, & qu'il le veüille tellement, & «
qu'il cherisse (la justice) avec tant «
d'ardeur, qu'il surmonte par la vo- «

» lonté de l'esprit, la volonté de la
» chair qui convoite des choses con-
» traires. Cette grace cependant n'ê-
» toit pas petite, puisque par elle la
» puissance du libre arbitre étoit con-
» nuë ; car l'homme étoit tellement ai-
» dé, que sans ce secours il n'eût pû
» jamais demeurer dans le bien ; mais
» il ne tenoit qu'à luy de quitter ce se-
» cours. Mais l'autre grace est d'autant
» plus grande, que ce seroit peu de re-
» parer par elle la liberté perduë, que
» ce seroit peu enfin de ne pouvoir sans
» elle embrasser le bien, & que l'hom-
» me ne pût perseverer dans le bien
» sans elle, si en même tems son effet
» n'étoit que l'homme veuïlle effecti-
» vement y perseverer. Dieu donc
» avoit alors donné à l'homme une
» bonne volonté, luy qui avoit fait
» l'homme droit. Il luy avoit aussi
» donné un secours, sans lequel il ne
» pouvoit demeurer dans cette bonne
» volonté, mais il laissoit à son libre
» arbitre d'y demeurer s'il le vouloit.
» Il pouvoit donc y demeurer s'il le
» vouloit, parce qu'il ne manquoit
» point du secours par lequel il le pou-
» voit, & sans lequel il ne pouvoit y

perseverer : mais c'est sa faute de n'a-
voir pas voulu y perseverer, & ç'auroit été un merite pour luy, s'il y
avoit voulu perseverer : ainsi que fi-
rent les saints Anges qui persevererent
par leur libre arbitre, tandis que les
autres pechoient par leur libre arbitre, & les premiers meriterent la recompense duë à leur perseverance . . .
. . . Que si ce secours eût manqué à
l'Ange ou à l'homme d'abord qu'ils
furent créez, ils ne fussent point tombez par leur faute ; parce que leur nature n'étoit pas telle, que sans le secours de Dieu elle pût demeurer (sans
peché ;) car ils eussent manqué du
secours sans lequel ils ne pouvoient
pas demeurer sans pecher : mais maintenant ceux à qui ce secours manque,
c'est la peine du peché, & ceux à qui
il est donné, c'est par grace qu'il leur
est donné, & il ne leur est pas dû,
& il est donné avec d'autant plus d'a-
bondance par JESUS-CHRIST nôtre Seigneur, que non seulement il
nous donne le moyen de perseverer
si nous voulons, mais encore qu'il
fait que nous le voulions. Car par
cette grace de Dieu par laquelle nous

» recevons le bien, & par laquelle nous
» y perseverons, non seulement le
» pouvoir de vouloir ; mais encore le
» vouloir de faire ce que nous pouvons,
» est en nous : ce qui ne fut point dans
» le premier homme, qui manqua de
» l'une de ces deux choses. Car pour
» recevoir le bien, il n'avoit point be-
» soin de grace, parce qu'il ne l'avoit
» point encore perdu, mais afin d'y
» perseverer, il avoit besoin du secours
» de la grace, sans quoy il ne le pou-
» voit pas. Il avoit reçu le pouvoir de
» perseverer, s'il eût voulu perseverer,
» mais il n'eut point la volonté de fai-
» re ce qu'il pouvoit. Puisque, s'il l'a-
» voit euë, il eût perseveré. Il pouvoit
» perseverer s'il eût voulu, & de ce
» qu'il ne le voulut pas, ce fut un effet
» de son libre arbitre, qui étoit alors si
» libre qu'il pouvoit vouloir le bien &
» le mal. Mais qu'y aura-t-il de plus
» libre que le libre arbitre, lors qu'il
» ne sera plus asservi au peché, ce qui
» fut la recompense du merite des An-
» ges fidelles, & qui l'auroit aussi été
» de l'homme. Mais maintenant ce
» bien ayant été perdu par le peché, ce
» qui auroit été la recompense du me-

rite est devenu un don de la grace «
dans ceux qui sont délivrez. C'est «
pourquoy il faut considerer avec at- «
tention la difference qu'il y a entre «
ces deux choses, pouvoir ne pas pe- «
cher, & ne pouvoir pas pecher ; pou- «
voir ne pas mourir, & ne pouvoir «
mourir ; pouvoir ne pas quitter le «
bien, & ne pouvoir quitter le bien. «
Car le premier homme pût ne pas pe- «
cher, pût ne pas mourir, pût ne pas «
quitter le bien : mais dirons-nous «
qu'il n'a pas pû pecher, luy qui avoit «
un tel libre arbitre, ou qu'il n'a pas «
pû mourir luy à qui il a été dit, *si* «
vous pechez, vous mourrez ; ou qu'il «
n'a pû quitter le bien, luy qui l'a «
quitté en pechant, & qui est mort à «
cause de cela ? La premiere liberté de «
la volonté fut donc de pouvoir ne pas «
pecher : la derniere sera beaucoup «
plus grande de ne pouvoir pas pecher. «
La premiere immortalité fut de pou- «
voir ne pas mourir ; la derniere sera «
beaucoup plus grande de ne pouvoir «
pas mourir. La premiere étoit de «
pouvoir perseverer, de pouvoir ne «
pas quitter le bien ; la derniere felici- «
té de la perseverance sera de ne pou- «

» voir pas quitter le bien.

»   Or parce que les derniers biens fe-
» ront plus grands que les premiers :
» Eſt-ce à dire que les premiers ne fu-
» rent rien, ou furent peu de choſe ? Il
» faut auſſi voir les differences des fe-
» cours. Il y a un ſecours ſans quoy
» une choſe ne ſe fait point, & il y a
» un ſecours avec quoy elle ſe fait. Car,
» par exemple , la nourriture eſt une
» choſe , ſans quoy nous ne pouvons
» vivre : ſi cependant un homme étoit
» reſolu à mourir (de faim) les alimens
» qu'il ſeroit en ſon pouvoir de pren-
» dre , ne le feroient pas vivre. On
» voit par là que le ſecours des alimens
» eſt un ſecours , ſans quoy on ne peut
» pas vivre , mais qui ne fait pas auſſi
» abſolument que nous vivions : mais
» la beatitude que l'homme n'a point ,
» dés qu'elle luy ſera donnée , le fera
» bien-heureux ; car c'eſt un ſecours
» non ſeulement ſans lequel la choſe
» pour laquelle il eſt donné, ne ſe fait
» point , mais encore avec lequel elle
» ſe fait : & parce que la beatitude eſt
» un ſecours de cette nature , dés-là
» qu'elle eſt donnée à l'homme, il eſt
» bienheureux ; & ſi elle ne luy étoit

pas donnée, il ne le seroit point : au «
lieu que ce n'est pas une bonne conse- «
quence que de dire , un homme a des «
alimens, donc il ne mourra pas de «
faim, quoique sans eux il ne puisse «
pas vivre. «

Ainsi le premier homme ayant été «
formé avec ces avantages qui le ren- «
doient bon , avoit reçu le pouvoir de «
ne pas pecher, de ne pas mourir, de «
ne pas abandonner le bien ; & par là «
le secours de la perseverance luy avoit «
été donné ; mais un secours qui ne «
faisoit pas qu'il perseverât, & sans le- «
quel neanmoins il n'eût pû perseverer «
par son libre arbitre. Mais mainte- «
nant, pour ce qui est des Saints préde- «
stinez au Royaume de Dieu par la «
grace divine, non seulement le se- «
cours qui leur est donné est tel , que «
sans ce secours ils ne pourroient pas «
perseverer , mais encore il est tel que «
par ce secours la perseverance leur est «
donnée , & que par ce secours ils «
perseverent effectivement. Car non «
seulement le Seigneur a dit, *sans moy* «
vous ne pouvez rien faire , mais enco- «
re il a dit, *ce n'est pas vou qui m'avez* «
choisi, mais c'est moy qui vous ai choisis «

I

» *& qui vous ai destinés, afin que vous*
» *alliez & que vous portiez du fruit, &*
» *que vôtre fruit demeure* : & par ces
» paroles il fait entendre qu'il ne leur
» a pas seulement donné la justice, mais
» encore la perseverance dans la justice.
» Car Jesus-Christ les ayant de-
» stinez pour aller, & pour porter du
» fruit, & afin que ce fruit demeure,
» qui est-ce qui osera dire que peut-être
» il ne demeurera pas ? *Car les dons &*
» *la vocation de Dieu sont sans repentir* :
» mais j'entends la vocation de ceux
» qui sont appellez selon le dessein de
» Dieu. Jesus-Christ priant donc
» pour ces personnes-là, afin que leur
» foy ne défaille point, sans doute
» qu'ils ne la perdront point pour tou-
» jours ; ainsi elle perseverera, & ils
» seront dans cet état au dernier mo-
» ment de leur vie. Et certes il est be-
» soin d'une plus grande liberté contre
» tant de tentations, & des tentations
» si violentes qui n'étoient point dans
» le paradis terrestre : il falloit que
» cette liberté fût fortifiée & affermie
» par le don de perseverance, afin que
» ce monde fût vaincu malgré ses at-
» traits, ses terreurs & ses erreurs : c'est

ce que les martyres des saints nous ap «
prennent. Enfin Adam exempt de ces «
terreurs, & même malgré le com- «
mandement de Dieu qui le menaçoit, «
ne s'est point soûtenu au milieu de «
cette grande felicité où il étoit, & «
luy étant si facile de ne point pecher. «
Les Martyrs au contraire malgré les «
menaces du monde, & les maux qu'il «
leur faisoit pour les faire tomber, sont «
demeurez fermes dans la foy. Et il y «
a encore entre eux & Adam cette dif- «
ference, que celuy-cy avoit devant «
ses yeux les biens qu'il alloit perdre, «
& qu'eux ne voyoient pas les biens «
futurs qui devoient être leur recom- «
pense. D'où vient cela, si ce n'est qu'il «
leur a été donné de Dieu par sa mise- «
ricorde d'être fidelles, & qu'ils ont «
reçu de luy, non pas un esprit de «
crainte qui les auroit fait ceder à leurs «
persecuteurs, mais un esprit de vertu «
& de charité & de continence qui les «
a fait resister à toutes les menaces, à «
tous les attraits, & à tous les tour- «
mens imaginables. Adam a eu donc «
sans aucun peché une volonté libre «
avec laquelle il avoit été creé, & il «
l'a fait servir au peché ; & les autres «

» dont je parle ayant eu une volonté
» esclave du peché, elle en a été deli-
» vrée par celuy qui a dit, *si le fils vous*
» *delivre, alors vous serez veritablement*
» *libres* ; & par cette grace ils reçoi-
» vent une si grande liberté, que quoi-
» que tandis qu'ils vivent en ce monde,
» ils soient obligez de combattre avec
» les convoitises des pechez, & qu'il
» leur en échappe quelques-uns, pour
» lesquels ils disent tous les jours, Sei-
» gneur, *Remettez-nous nos dettes* ; ce-
» pendant ils ne s'abandonneront ja-
» mais à ce peché qui va à la mort, dont
» l'Apôtre saint Jean dit : *il y a un pe-*
» *ché qui va à la mort ; je ne dis pas*
» *qu'il faille prier pour ce peché.* Com-
» me l'Ecriture ne nous explique pas
» nettement ce que c'est que ce peché,
» il y a divers sentimens sur ce sujet.
» Pour moy je dis que ce peché est d'a-
» bandonner jusqu'à la mort la foy qui
» opere par la charité. Ceux dont il
» s'agit ici ne sont jamais esclaves de
» ce peché, non pas qu'ils soient libres
» comme Adam en venant au monde ;
» mais parce qu'ils sont délivrez par la
» grace de Dieu, par le second Adam,
» & par cette délivrance ils ont un li-

bre arbitre pour servir Dieu, & non «
pour être esclaves du Diable. Car «
étant delivrez de la servitude du pe- «
ché, ils ont été asservis à la justice, «
en laquelle ils demeureront jusqu'à «
la fin, recevant la perseverance de «
celuy qui les a connus de toute éter- «
nité & prédestinez, qui les a appellez «
selon qu'il a resolu & les a justifiez «
& glorifiez. Il les fait donc bons, «
afin qu'ils fassent le bien : car il ne «
les a pas promis à Abraham, parce «
qu'il a prévû qu'ils seront bons par «
leurs propres forces, puisque si cela «
étoit ainsi, il n'auroit pas promis ce «
qui luy appartenoit, mais ce qui étoit «
à eux. . . . . . Il n'a pas dit, il est assez «
puissant pour promettre ce qu'il a «
prévû, ou pour faire paroître ce qu'il «
a prédit, ou pour prévoir ce qu'il a «
promis : mais il a dit, *il est assez* «
puissant pour faire ce qu'il a promis. «
Luy donc qui les fait bons, est celuy «
qui les fait perseverer dans le bien. «
Pour ce qui est de ceux qui tombent «
& qui perissent, ils n'étoient point «
du nombre des prédestinez. Ainsi, «
quoique l'Apôtre parle de tous ceux «
qui sont regenerez par le baptême & «

I iij

» des gens de bien , lorsqu'il dit ; *qui*
» *êtes-vous , vous qui jugez le serviteur*
» *d'autruy ? S'il se soûtient , ou s'il tom-*
» *be , cela regarde son Maître* ; Tout
» aussi-tôt neanmoins il a eu égard aux
» prédestinez , & a dit , ce serviteur *se*
» *soûtiendra* , & de peur que les Pré-
» destinez ne s'attribuassent cette force
» à eux-mêmes , il ajoûte ; *Car Dieu est*
» *assez puissant pour le soûtenir.* C'est
» donc celuy qui donne la perseveran-
» ce, qui est assez puissant, pour soû-
» tenir ceux qui ne tombent pas , afin
» qu'ils se soûtiennent toûjours , &
» pour relever ceux qui seroient tom-
» bez : Car c'est *le Seigneur qui releve*
» *ceux qui sont écrasez.* La raison donc,
» pourquoy le premier homme n'a
» point reçu ce don de Dieu , je veux
» dire la perseverance dans le bien, mais
» seulement qu'il a été laissé au pou-
» voir de son libre arbitre , de perseve-
» rer, ou de ne pas perseverer , c'est que
» sa volonté qui avoit été creée sans
» peché , n'avoit point de concupis-
» cence qui luy resistât, & qu'elle avoit
» de telles forces , que c'étoit à bon
» droit que la puissance de perseverer
» étoit confiée à une nature si bonne ,

& qui avoit tant de facilité à perse- «
verer, ce qui n'empéchoit pas néan- «
moins que Dieu ne prévît le peché de «
cet homme. Il le prevoyoit, mais il «
ne luy imposoit pas la necessité de le «
commettre, & il sçavoit bien ce qu'il «
feroit de luy avec justice. Mais main- «
tenant aprés que par le merite du pe- «
ché cette grande liberté a été perduë, «
la foiblesse est demeurée, qu'il a fallu «
aider de plus grandes graces ; car il a «
plû à Dieu qu'afin de reprimer l'en- «
flure de la présomption humaine, «
nulle chair, c'est-à-dire, nul hom- «
me ne se glorifiât en sa presence. Et «
dequoy cette chair se glorifieroit-elle «
sinon de ses merites qu'elle a pû avoir «
à la verité, mais qu'elle a perdus par «
son libre arbitre, par lequel elle a pû «
les avoir ? C'est pourquoy il ne reste «
plus aux hommes pour être délivrez, «
que la grace du liberateur. Ainsi donc «
nulle chair ne se glorifie aux yeux de «
Dieu. Car les pecheurs ne se glori- «
fieront pas, parce qu'ils n'ont pas de «
quoy se glorifier. Les justes ne se glo- «
rifieront pas non plus, parce que le «
sujet de leur gloire leur vient de «
Dieu, & ils n'ont point d'autre gloi- «

I iiij.

» re que celuy à qui ils difent, *vous*
» *êtes ma gloire, & celuy qui exaltez ma*
» *tête.* De cette maniere ces paroles de
» l'Ecriture, *Que toute chair ne fe glo-*
» *rifie point en fa prefence*, regardent
» generalement tous les hommes : &
» celles-cy, *que celuy qui fe glorifie, fe*
» *glorifie dans le Seigneur*, regardent en
» particulier les juftes, ... Par cette
» raifon Dieu n'a pas voulu que fes
» Saints fe glorifiaffent de leur perfeve-
» rance dans leurs propres forces, mais
» en luy-même, qui non feulement leur
» donne un fecours, fans lequel ils ne
» pourroient pas perfeverer en le vou-
» lant, mais il opere même en eux le
» le vouloir, afin que, puifqu'ils ne
» perfevereront point s'ils ne le peu-
» vent & s'ils ne le veulent, le pou-
» voir & la volonté leur foient don-
» nez par la grace : Car le faint Efprit
» embrafe tellement leur volonté qu'ils
» peuvent perfeverer parce qu'ils le
» veulent, de la maniere qu'ils le veu-
» lent, & ils le veulent de cette ma-
» niere, parce que Dieu fait en forte
» qu'ils le veuïllent : Car fi dans cette
» fi grande foibleffe où nous nous trou-
» vons dans cette vie, dans laquelle

foiblesse il falloit pourtant que la ver- «
tu fût perfectionnée pour reprimer «
la présomption, on leur laissoit leur «
volonté pour perseverer, s'ils vou- «
loient, dans un secours de Dieu, sans «
lequel ils ne pourroient perseverer, «
& que Dieu n'operât pas en eux la «
volonté, la volonté succomberoit «
par sa foiblesse au milieu de tant & «
de si rudes tentations, & ils ne pour- «
roient perseverer, parce qu'ils ne le «
voudroient pas par foiblesse, ou bien «
par la foiblesse de leur volonté, ils «
ne le voudroient pas comme il faut le «
vouloir pour le pouvoir. On a donc «
pourvû à la foiblesse de la volonté hu- «
maine, afin qu'elle fût conduite par «
la grace d'une maniere à ne pouvoir «
s'en écarter ni y resister, & qu'ainsi «
tout infirme qu'elle étoit, elle ne «
succombât pas & ne fût pas vaincuë «
par quelque adversité. Ainsi il est ar- «
rivé que la volonté de l'homme foi- «
ble & infirme a perseveré par la vertu «
divine dans le peu qui luy restoit de «
bien ; au lieu que la volonté du pre- «
mier homme forte & saine, & ayant «
toute la force de son libre arbitre, «
n'a pas perseveré même avec le se- «

» cours de Dieu sans lequel il n'eût pas
» pû perseverer. Il laissa donc faire ce
» qu'il voulut à celuy qui étoit tres-
» fort. Il conserva aux infirmes l'a-
» vantage de vouloir invinciblement le
» bien par sa grace, & de s'y attacher
» invinciblement sans s'en separer.
» Jesus-Christ disant donc, j'ai
» prié pour vous, *afin que vôtre foy ne*
» *défaille pas*, concevons que ces pa-
» roles ont été dites à celuy qui est édi-
» fié sur la pierre ; & ainsi que l'hom-
» me de Dieu qui se glorifie, se glori-
» fie dans le Seigneur, non seulement
» parce qu'il a obtenu misericorde pour
» être fidelle, mais encore parce que sa
» foy ne défaut point.
»　Je dis tout cela de ceux qui sont
» prédestinez au Royaume de Dieu &
» non des autres, &c.

cap. 13.

Quelques observations sur cet endroit de saint Augustin.

J'Observe premierement que saint
Augustin dans ces deux chapitres du
livre *de la Correction & de la grace*, fait
la comparaison de la grace qui fut donnée à Adam pour perseverer s'il avoit

voulu , & de la grace de perseverance donnée aux predestinez de nôtre état avec laquelle ils perseverent effective-ment. On ne peut lire ces deux chapitres sans en être convaincu ; tout cet endroit n'est qu'un paralelle continuel du pre-mier homme avec les Prédestinez de nôtre état sur l'article de la perseve-rance.

I. De cette premiere observation il s'ensuit, que c'est vouloir tromper les fidelles que de dire en general, que saint Augustin caracterise icy la grace de l'un & de l'autre état , de telle sorte, qu'il ne reconnoisse dans l'état d'in-nocence que les graces ausquelles on puisse resister , & qu'il ne reconnoisse que des graces necessitantes dans l'état de la nature corrompuë.

II. La perseverance d'Adam dont il s'agit icy, n'est pas la perseverance finale de ce premier homme, mais seu-lement la perseverance dans l'inno-cence par sa fidelité à observer le com-mandement de Dieu , pour être main-tenu dans la possession de l'état heu-reux où il avoit été creé. Mais la per-severance des Saints , avec laquelle saint Augustin compare celle d'Adam, est la perseverance finale, qui aboutit à la gloire éternelle, à l'impeccabilité, à l'immortalité ; où la liberté des enfans de Dieu sera *de ne plus pouvoir pecher.... de ne plus pouvoir mourir, de ne plus pouvoir se separer du souverain bien.* Quiconque prendra la peine de relire cet endroit de saint Augustin aprés ces deux observations & le relira sans prévention, sera convaincu de leur solidité & de celle des conséquences qu'on en tirera dans la suite pour l'intelligence du veritable sens de ce saint Docteur.

I I I. Calvin met pour fondement de son systême de la grace efficace, qui impose à la volonté la necessité d'agir, que la grace d'Adam, appellée par saint Augustin en cet endroit *adjutorium sine quo,* c'est-à-dire une aide sans laquelle il n'auroit pas pû perseverer dans le bien ; il met, dis je, pour fondement de son systême, que cette grace étoit une grace actuelle & prévenante, c'est-à-dire une inspiration divine, mais dont l'effet dépendoit entierement du libre arbitre d'Adam. Il pretend au contraire que par *l'adjutorium quo,* c'est-à-dire, par le secours

avec lequel les prédestinez de nôtre
état arrivent au salut, doit s'entendre
seulement ou principalement des graces actuelles ou inspirations qui néces-
sitent le libre arbitre du prédestiné à
demeurer dans l'état de grace, ou à
sortir du peché quand il y est tombé;
& il établit son dogme sur l'opposition
que saint Augustin fait de la grace
d'Adam avec celle des prédestinez, en
ce que ce saint Docteur attribuë la
chute d'Adam à son libre arbitre, &
dit que s'il eût perseveré, il eût aussi
fallu attribuër sa perseverance à son libre arbitre, de même que la chute des
mauvais Anges & la perseverance des
bons Anges, furent selon saint Augustin l'effet de leur libre arbitre; & qu'au
contraire ce saint Docteur attribuë
la perseverance des prédestinez de nôtre état à la seule grace, qui fait qu'ils
demeurent invinciblement attachez au
bien jusqu'à la fin. C'est sur cette opposition des deux graces que roule tout
le raisonnement de Calvin pour établir
la grace necessitante, & c'est aussi en
cela que consiste toute la difficulté de
cet endroit de saint Augustin.

Reponse à cette difficulté.

JE dis d'abord que Calvin suppose
une chose au moins tres-incertai-
ne, en supposant que, selon saint Augustin, *l'adjutorium sine quo*, c'est-à-dire
le secours qu'Adam avoit reçu de Dieu
pour perseverer, fût une grace actuelle
ou une inspiration prévenante : & j'a-
joûte qu'en supposant même cela vray,
il ne s'ensuivroit pas que l'*adjutorium
quo*, ou le secours avec lequel les
Saints perseverent dans nôtre état, fût
une grace actuelle necessitante : il faut
tâcher de bien développer ces deux
propositions.

Je dis donc premierement qu'il n'est
pas certain que dans l'idée de saint Augustin l'*adjutorium sine quo*, ou la grace d'Adam, qui luy fut donnée pour
perseverer, s'il eût voulu, & pour accomplir le commandement de Dieu,
fût une grace actuelle ou une inspiration prévenante ; & qu'il est au moins
tres-probable que ce secours, selon la
doctrine du saint Docteur, consistoit
dans la grace ou justice originelle, qui
par les dons surnaturels, habituels &

permanens qu'elle renfermoit, empê-
choit premierement dans Adam toute
rebellion de l'appetit sensuel contre la
raison, éclairoit son esprit, y dissipoit
toutes les tenebres que nous experimen-
tons dans le nôtre par rapport à nos
devoirs, luy rendoit le bien tres-faci-
le, luy donnoit un grand penchant à
l'embrasser, & rendoit son libre arbitre capable de tous les actes surnaturels,
tels que sont les actes de charité, de foy,
d'esperance, & de toutes les autres
vertus. De sorte qu'avec le secours de
la grace *adjuvante* ou *cooperante*, par le
moyen de laquelle Dieu étoit toûjours
prêt de concourir avec luy en toutes ses
actions surnaturelles, il avoit tout ce
qui luy étoit necessaire pour agir.

Si cela étoit vray, le raisonnement
de Calvin perdroit beaucoup de sa force; car il ne pourroit plus conclure
que la grace actuelle & prévenante des
prédestinez, est une grace necessitante,
du moins en l'opposant à la grace actuelle ou prévenante d'Adam qui auroit été, ainsi qu'il s'exprime, soumise
à son libre arbitre : puisque ce premier
homme, n'en eût point eu de telle,
c'est-à-dire, de prévenante pour ac-

complir le Commandement de Dieu,
parce qu'elle ne luy auroit pas été ne-
ceſſaire : & de plus on comprendroit
aiſément pourquoy ſaint Auguſtin attribuéroit la chute d'Adam & des mauvais Anges & la perſeverance des bons
à leur libre arbitre : parce qu'en effet la
grace prévenante d'inſpiration n'auroit
point eu de part à cette perſeverance,
non plus que la concupiſcence à la chute d'Adam & à celles des Anges préva-
ricateurs : & pourquoy au contraire le
ſaint Docteur attribuéroit la perſeverance des prédeſtinez de nôtre état à la
grace prévenante , parce qu'en effet
cette grace en eſt le principe, & que c'eſt
elle qui fait agir le libre arbitre.

Au reſte , ſi je m'arrêtois à cette ré-
ponſe, on ne devroit pas la regarder
comme une ſolution inventée aprés
coup, & ou l'on eût recours pour ſe
tirer de l'embarras que cauſeroit l'argument de Calvin. Car pluſieurs grands
hommes, qui avoient tres bien étudié
ſaint Auguſtin avant cet Heréſiarque,
ont été perſuadez que c'étoit-là le véritable ſyſteme du ſaint Docteur. Et
quand le fameux Controverſiſte Jean
Driedo & pluſieurs autres excellens
Theologiens

Theologiens ont donné une telle explication de ce passage de saint Augustin, dont cet Heresiarque vouloit se prévaloir contre les Docteurs Catholiques, ils ne l'ont fait qu'aprés le Maî-tre des sentences, dont le livre n'est presque qu'un tissu des paroles de saint Augustin : ils ne l'ont fait qu'aprés ces premiers Maîtres de la Theologie, Alexandre de Alés, Albert le grand, saint Bonaventure, qui ont été suivis par Denis le Chartreux, Gregoire de Rimini, Jean Major, & par plusieurs autres, & ces fameux Theologiens que je viens de citer appuyoient leurs sentimens sur de solides raisons que voicy.

in 2. dist. 24.

La premiere est prise des expressions dont se sert saint Augustin en parlant icy de la grace d'Adam. Il parle de cette grace, non point comme d'une grace actuelle & prévenante. Il ne l'appelle ni inspiration, ni vocation, ni délectation sainte, ni d'aucun autre nom, dont il a coûtume de se servir pour exprimer la grace prévenante. Il ne dit point qu'Adam la rejette, qu'il y resiste, qu'il y soit rebelle, qu'il y désobeïsse, qui sont encore ses manieres de parler, & celles de tous les Pe-

res & de tous les Theologiens aprés
luy, quand il s'agit de la grace prévenante : mais au contraire il parle de la
grace d'Adam comme d'un état, comme d'une chose fixe & permanente. Il
pouvoit demeurer dans cette grace, dit-
il, *in qua permaneret si vellet* ; pouvant
neanmoins la quitter par son libre arbitre : *sed eam tamen per liberum arbitrium deserere posset* : C'étoit un secours
qu'il pouvoit quitter quand il vouloit,
ou dans lequel il pouvoit demeurer s'il
vouloit : *tale quippe erat adjutorium,
quod desereret cùm vellet, & in quo permaneret si vellet*. Est-ce ainsi que saint
Augustin, qu'aucun autre Pere, qu'aucun Theologien a jamais parlé d'une
inspiration ? Car grace prévenante &
inspiration, c'est toute la même chose.
A t-on jamais dit qu'un homme peut
demeurer dans l'inspiration, qu'il peut
demeurer dans la grace prévenante,
qu'il peut la quitter ou ne la pas quitter ? Ce seroit un langage aussi peu intelligible, qu'il seroit peu propre à
exprimer la resistance & la desobeïs-
sance de l'homme à l'inspiration de
Dieu. Il paroît donc par la maniere
même dont saint Augustin s'exprime

dans tous ces paſſages, que l'*adjuto-rium ſine quo*, dont Dieu avoit favo-riſé Adam, n'étoit point une grace pré-venante, mais la juſtice originelle avec tous les dons permanens , qui en étoient les appanages. Il ne tenoit qu'à Adam de demeurer dans cette juſtice. *in qua permaneret ſi vellet* ; il ne tenoit qu'à luy de quitter cet heureux état, comme il fit malheureuſement pour luy & pour nous , *quod deſereret , ſi vellet*.

Une autre raiſon prouveroit encore que c'étoit-là la penſée de ſaint Augu-ſtin ; c'eſt que ce ſaint Docteur en par-lant de la neceſſité de la grace préve-nante, ou de la grace d'inſpiration dans nôtre état, tire cette neceſſité des playes que nous avons reçuës par le peché, & ſur tout de la concupiſcence, qu'il faut guerir & reprimer par cette grace. Or dans l'état d'innocence il n'y avoit point de concupiſcence à reprimer ; l'homme avoit plus de penchant pour le bien que pour le mal : ainſi il ſem-ble qu'une telle grace n'étoit point ne-ceſſaire ; & qu'Adam n'auroit eu be-ſoin que de la grace *cooperante* & *ad-juvante* pour agir.

Troisiéme raison. Si Adam avoit eu
besoin de grace prévenante ou de grace
d'inspiration , saint Augustin n'auroit
point dit si absolument que sa perseverance dependoit uniquement de son
libre arbitre , puisqu'elle auroit aussi
dependu de cette grace, sans laquelle il
auroit été impossible à son libre arbitre
de faire le bien. Or saint Augustin dans
tout l'endroit, dont il s'agit , repete à
tout propos que la perseverance d'A-
dam dependoit entierement de son libre arbitre ; & au livre de la nature
& de la grace, *Qui est-ce qui ignore,*
dit-il , *que le premier homme a été creé
sain & innocent , doüé d'un libre arbitre,
& avec une libre puissance de vivre dans
la justice?*

De tout cela je conclus qu'en prenant pour regle les expressions & les
principes de saint Augustin , il paroît
fort vray-semblable que dans l'idée de
ce saint Docteur, *l'adjutorium sine quo*
n'étoit point une grace actuelle ou une
grace d'inspiration, mais la justice originelle avec tout ce qu'elle renferme
de dons surnaturels , qui rendoient
Adam capable de remplir tous ses devoirs, toûjours neanmoins avec le se-

cours de la grace cooperante.

Si j'adoptois cette reponse , il ne me
seroit pas difficile de satisfaire tres-
plausiblement aux instances tirées de
quelques autres termes de ce celebre
passage , par lesquels Calvin s'efforce
de prouver qu'il s'y agit de la grace
actuelle prévenante : & ce qui m'empêche de m'accommoder de la pensée
de ces Théologiens, qui veulent qu'on
l'entende de la grace ou justice originelle , ce n'est pas la difficulté du passage même, mais celle de quelques autres
tirez principalement des livres de la Cité de Dieu , où il me paroît que saint
Augustin a crû que les Anges avoient
eu des graces prévenantes d'inspiration,
pour accomplir le commandement
dont l'observation & la transgression
meriterent aux uns la recompense , &
aux autres la damnation éternelle. Or
il est certain qu'à cet égard le saint
Docteur a raisonné de l'homme innocent de la même maniere que des Anges : donc si ceux-cy ont eu des graces
prévenantes d'inspiration pour l'accomplissement du Commandement que
Dieu leur avoit donné, pour leur faire
meriter la gloire éternelle , il faut dire

qu'Adam en eut aussi pour accomplir
celuy par lequel il devoit meriter pour
luy & pour sa posterité les privileges
dont il déchut en le violant.

C'est pourquoy, sans m'attacher à
cette reponse, je me contente de faire
icy seulement une reflexion; que cet
endroit du livre *de la Correction & de*
la Grace, qui a produit de tout tems de
si differentes idées dans l'esprit des
plus habiles Théologiens, n'est gueres
propre à être la clef de la doctrine de
saint Augustin, quoiqu'en dise Jansenius; vû qu'avec cette clef les uns &
les autres s'ouvrent des routes si diverses, & qui conduisent à des termes si
opposez.

Quoi-qu'il en soit, je dis que même
en accordant à Calvin, que l'*adjuto-*
rium sine quo, qui étoit la grace donnée à Adam pour perseverer, étoit une
grace prévenante & une inspiration, il
ne sensuit nullement que l'*adjutorium*
quo, qui est la grace de la perseverance des predestinez de nôtre état, soit
une grace necessitante : & voicy comme je montre la fausseté du raisonnement de Calvin sur ce sujet.

Tout roule icy sur la comparaison

que saint Augustin fait entre la grace,
par laquelle Adam pouvoit perseverer,
& celle par laquelle les prédestinez de
nôtre état perseverent en effet. L'*adju-*
torium sine quo d'Adam étoit tel qu'il
étoit au pouvoir de son libre arbitre de
s'en servir pour perseverer, *in quo per-*
maneret si vellet ; & *l'adjutorium quo*
des prédestinez de nôtre état est tel, qu'il
fait invinciblement que les pré destinez
perseverent dans le bien jusqu'à la fin,
ut hoc deserere invictissimè nollent. En un
mot, tout consiste à expliquer comment
& pourquoy saint Augustin met la perseverance d'Adam entierement en la
disposition de son libre arbitre, nonobstant qu'on suppose que la grace prévenante luy étoit necessaire pour pouvoir perseverer ; & que le même saint
Docteur au regard des prédestinez de
nôtre état, attribuë à la grace leur perseverance, en disant que c'est elle qui
les fait invinciblement perseverer, quoique selon la doctrine Catholique
l'homme coopere à cette grace par sa
liberté.

Pour bien & solidement satisfaire à
cette question, il faut tirer la raison de
cette difference, de la difference même

que saint Augustin met entre l'état
d'Adam avant le peché, & le nôtre
depuis le peché. Il fait le caractere de
l'un & de l'autre état dés l'entrée du
premier des deux Chapitres que nous
examinons. Il en parle encore dans la
suite, & tout ce qu'il en dit se reduit à
cecy : Que nous avons une concupiscence qu'Adam n'avoit point ; une loy
de peché qui ne le dominoit point ; un
combat de la chair contre l'esprit qu'il
n'experimentoit point. Il joüissoit d'u-
ne profonde paix sans penchant au mal,
& avoit une grande inclination pour
le bien : enfin, pour me servir de la me-
taphore du Saint Docteur, Adam étoit
en parfaite santé, & nous sommes malades ; il étoit sain & vigoureux par le
moyen de la justice originelle ; & nous,
nous sommes infirmes, foibles, remplis
de corruption par la concupiscence.

De là il s'ensuit que la grace prévenante, qu'on suppose que Dieu donnoit à Adam, n'avoit point, pour ainsi
dire, d'autre fonction que de luy montrer son devoir en luisant à son esprit,
comme la lumiere luit à des yeux sains:
(c'est encore là une comparaison de
saint Augustin,) & qu'à enflâmer son
                              cœur

cœur qui étoit déja tout disposé à prendre feu : au lieu que dans nôtre état la grace luit à des yeux malades, qu'elle les guerit & les fortifie en les éclairant, qu'elle dissipe les tenebres dont nôtre esprit est rempli, qu'elle reprime dans nôtre cœur la concupiscence, qu'elle luy donne un contrepoids opposé au penchant qu'il a au mal, & que par l'effort qu'elle fait sur nôtre libre arbitre, elle le rétablit pour le moment où elle l'inspire, dans le pouvoir de bien faire qu'il a perdu par le peché. Car, comme le repete souvent le même saint Docteur, l'homme par le peché a perdu sa liberté pour faire le bien, & c'est la grace qui luy rend cette liberté & le pouvoir de le faire.

La difference donc qu'il y a entre l'homme innocent & l'homme tombé, par rapport à la grace prévenante, c'est que la grace prévenante ne faisoit qu'appliquer la liberté de l'homme innocent qui l'avoit toute entiere pour les bonnes œuvres, & quelle la rend à l'homme qui l'a perduë par le peché d'Adam : c'est que cette liberté pour les œuvres saintes étoit toûjours dans

L

l'homme innocent , & que c'est la grace qui aprés le peché d'Adam, la rend à
celuy qu'elle inspire , & la luy rend à
chaque fois qu'elle l'inspire , & à chaque fois qu'il est question de faire une
sainte action. Il ne faut donc pas s'é-
tonner si dans les principes de saint Augustin , tout le bien que fait l'homme
dans nôtre état, est attribué à la grace ;
puisque cette grace seule luy donne d'u-
ne maniere toute particuliere la liberté
& le pouvoir qu'il n'a pas de faire le
bien ; qu'elle le fortifie, qu'elle le guerit , qu'elle le delivre de l'esclavage de
la concupiscence à chaque fois qu'elle
luy fait faire des actions dignes d'un
enfant de Dieu ; & si au contraire dans
les principes du même Saint Docteur,
le bien que faisoit ou qu'auroit fait
l'homme dans l'état de la nature innocente, est attribué au libre arbitre qui
avoit tout ce qu'il falloit pour le faire,
& qui n'avoit tout au plus besoin que
d'y être excité par la grace : C'étoit une
terre fertile , qui , pour peu qu'elle fût
échauffée des rayons du soleil, produi-
soit d'elle-même toutes sortes de bons
fruits ; au lieu que l'homme aujour-
d'huy est un fond maudit , une terre in-

grate , & le peu de bon grain qu'elle porte doit être attribué aux soins de celuy, qui par sa toute puissante misericorde tire du peché même, la sainteté comme il a tiré l'être du néant.

Mais indépendamment de tout ce que je viens de dire, on va voir clairement par ce que je vas ajoûter, la pensée de saint Augustin , & la justesse de l'opposition qu'il fait entre Adam & les Anges d'une part , & les hommes dans l'état de la nature corrompuë de l'autre , au regard de la perseverance ; lorsqu'il attribuë la perseverance des bons Anges , & la perte des mauvais Anges, à leur libre arbitre ; lorsqu'il dit que si Adam eût perseveré en obeïssant au commandement de Dieu, sa perseverance auroit été l'effet de son libre arbitre , & qu'au contraire la perseverance des prédestinez de nôtre état doit être attribuée à la grace & à la pure misericorde de Dieu.

Tout le mystere me paroît consister principalement dans une reflexion qu'il faut faire : C'est sur la difference qu'il y a entre la perseverance d'Adam & des Anges , & la perseverance finale des prédestinez de nôtre état.

La perseverance d'Adam dans l'état heureux où il avoit été creé , & celle des Anges pour meriter leur beatitude éternelle , dépendoit de l'acte par lequel ils obeïroient , ou desobeïroient au commandement que Dieu leur fit pour éprouver leur fidelité ; & cet acte n'étoit que le consentement de leur libre arbitre. Au contraire le don de la perseverance finale des prédestinez de nôtre état ne consiste pas toûjours , ni uniquement dans une inspiration actuelle que Dieu leur donne pour les faire expirer dans l'exercice actuel de son amour. Il arrive même tres-souvent qu'ils sont emportez sans être en état de tourner leur cœur vers Dieu. Cela est vray de tous les enfans baptisez , qui meurent avant que d'avoir l'usage de leur raison. Cela l'est encore de plusieurs adultes prédestinez dont les uns rendent l'ame dans un délire, d'autres sont frappez d'une apoplexie , ou d'une lethargie , d'autres meurent durant leur sommeil , d'autres sortent de ce monde par des morts violentes & subites , tuez dans un combat, dans un assaut , en trahison , ou lors qu'ils s'y attendent le moins : & l'on peut dire

que peu de prédestinez meurent dans
l'exercice actuel de l'amour de Dieu,
en comparaison du grand nombre de
ceux qui n'y meurent pas, & qui sont
cependant prédestinez : Ainsi la grace
de perseverance finale à l'égard des prédestinez de nôtre état consiste en general à n'être pas surpris de la mort, lorsqu'ils sont dans le peché, & à être
enlevez de ce monde dans un de ces
heureux momens, où ils sont dans la
grace de Dieu.

    C'est ce qu'enseigne par tout saint
Augustin, lorsqu'il parle du don de la
perseverance finale des élûs. *Jesus-*
Christ priant pour eux, afin que leur foy
ne défaille point, dit ce Saint Docteur
en un des chapitres du livre que j'exa-
mine, *sans doute qu'ils ne la perdent* *cap. 12. De*
point pour toûjours ; ainsi elle persevere- *correptione &*
ra, & ils seront dans cet état au dernier *gratia.*
moment de leur vie. Quoi-qu'ils tombent
dans quelques pechez, dit-il plus bas,
ils ne seront jamais esclaves du peche qui
va à la mort ; c'est-à-dire, que s'ils
abandonnent la foy qui opere par la cha-
rité, cette infidelité ne durera point jus-
qu'à la mort. Nul des prédestinez, dit- *cap. 9.*
il dans le même livre, n'est enlevé de

cette vie dans le tems que de bon il est devenu mauvais : *Nullus eorum ex bono in malum mutatus, finit hanc vitam.....* » Et ceux d'entre eux qui s'écartent du » bon chemin y reviennent, pour y être » conduits jusqu'au terme ; *Et qui ad tempus inde deviant, revertuntur ut usque in finem perducantur.*

Il explique assez au long cette Théologie vers la fin du chapitre huitiéme » du même ouvrage. Nous parlons de » ceux, dit-il, qui ne perseverent pas » dans le bien, mais qui meurent aprés » que par le défaut de leur volonté ils » sont devenus mechans. Qu'on nous » dise, si l'on peut, pourquoy lors- » qu'ils vivoient dans la foy & dans la » pieté, Dieu ne les a pas tirez des pé- » rils de cette vie, de peur que la ma- » lice ne changeât leur esprit, & que » leur ame ne se laissât seduire par le » mensonge. Est-ce que cela n'a pas été » en son pouvoir ? ou ignoroit-il les » pechez qu'ils devoient commettre ? » Dieu fait cette grace à qui il veut, & » l'Ecriture dit la verité, lorsque par- » lant de la mort précipitée de l'hom- » me juste, elle dit : *il a été enlevé de » peur que la malice ne changeât son es-*

prit, ou que le mensonge ne seduisît son «
cœur. Pourquoy donc Dieu fait-il cet- «
te grande grace aux uns, & qu'il ne la «
fait pas aux autres, luy en qui il n'y «
a point d'iniquité, ni d'acception de «
personnes, & qui a en son pouvoir de «
mettre tel terme qu'il luy plaît à la vie «
des hommes, laquelle est une tenta- «
tion sur la terre ? Comme donc (les «
Semipelagiens) sont obligez d'avoüer «
que c'est une grace de Dieu pour un «
homme, de finir sa vie avant que d'a- «
voir passé de la vertu au peché, & «
qu'ils ignorent pourquoy cette grace «
est donnée aux uns & non aux autres ; «
aussi il faut qu'ils avoüent avec nous «
que la perseverance finale dans le bien «
est un don de Dieu.

Par tout cela mon observation est
parfaitement démontrée, que selon
saint Augustin dans tout le livre *de la
correction & de la grace*, le don ou la
grace de la perseverance finale, dont il
parle ne consiste pas toûjours & seulement dans une inspiration actuelle,
qui fasse que la derniere action de nôtre
vie soit une action de vertu ; mais que
cette grace consiste principalement dans
cette providence favorable de Dieu, qui

fait que tout coopere au salut de ses
Elus, qu'il les soûtient ou les releve
par sa grace, les empêche de s'égarer,
ou les ramene quand ils se sont égarez,
les fait mourir ou leur conserve la vie,
selon qu'il le croit utile pour leur salut,
& les prend toûjours en d'heureuses
circonstances.

En supposant cette doctrine de saint
Augustin, qui est tres-certaine & tres-
marquée, non seulement dans le livre
de la correction & de la grace, mais
encore dans celuy *de la prédestination des
Saints*, & dans celuy *du don de la perseverance*, & en divers endroits des autres qu'il a écrits contre les Pelagiens
& contre les Semipelagiens; en supposant, dis-je, cette doctrine de saint
Augustin, il est aisé de concevoir
comment selon luy & en quel sens la
perseverance finale est un don de la pure misericorde de Dieu au regard des
prédestinez, & non un effet de leur
libre arbitre, comme elle le fut dans les
Anges fidelles, & comme elle l'auroit
été dans les autres Anges & dans Adam,
pour demeurer dans l'état heureux où
il avoit été creé, s'ils avoient obeï au
Commandement de Dieu. On com-

prend comment sa providence ménage
ce don à ceux qu'elle a prédestinez dans
nôtre état, comment elle execute sur
eux son decret, malgré les tentations
de cette vie, malgré les dangers qu'ils
y courent, malgré leurs pechez mêmes; comment elle est toûjours victo-
rieuse, pour ainsi dire, de leur propre
malice, qui les fait écarter quelquefois
du bon chemin; mais où Dieu trouve
moyen de les faire rentrer, & les retire
de cette vie dans cet heureux intervalle.

Ainsi, quoique les graces actuelles
n'imposent aucune necessité à la volonté, & que ce soit là une verité de
foy; cette verité n'est point opposée à
cette autre, que le don de perseverance finale depend absolument de Dieu:
parce que nonobstant nôtre liberté,
dont il sçait faire d'ailleurs ce qu'il
veut, ce don de perseverance renferme
des choses qui ne dépendent point de
nous. Et quelles sont ces choses selon
saint Augustin ? C'est entre autres &
pricipalement de n'être point surpris
de la mort, quand par la malice de nôtre volonté & par le mépris de sa grace,
nous sommes tombez dans l'état du
peché: c'est de finir nôtre vie dans le

tems que nous sommes en état de grace, *Asserimus ergo donum Dei esse perseverantiam, quâ usque in finem perseveratur in Christo. Finem autem dico qua vita ista finitur, in qua tantummodo periculum est ne cadatur;* soit qu'une mort subite nous emporte bien preparez, soit que nous expirions dans l'exercice de l'amour de Dieu; Grace que Dieu fait aux uns & qu'il ne fait pas aux autres : Pourquoy? C'est la question que saint Augustin fait dans le passage que j'ai cité un peu auparavant, & à quoy il ne donne point d'autre réponse, sinon *que la perseverance finale est un don de la pure misericorde de Dieu,* ainsi que le saint Concile de Trente nous l'a enseigné depuis.

Or c'est au regard de ceux que Dieu a resolu de favoriser de ce don, le plus grand de tous les dons, que saint Augustin dit, qu'il execute le decret de sa misericorde d'une maniere insurmontable, *insuperabiliter indeclinabiliter,* & qui ne peut manquer d'avoir son effet : parce que malgré les dangers de la vie, les tentations, les persecutions qui arrivent aux prédestinez, malgré leurs chûtes mêmes, il a des moyens surs pour les soûtenir ou pour les relever

s'ils tombent, & il ne les tirera jamais
de ce monde dans le tems qu'ils seront
en sa disgrace ; *Nullus eorum in malum
mutatus finit hanc vitam, & qui ad
tempus inde deviant, revertuntur ut usque in finem perducantur.*

Ainsi l'*indeclinabiliter* l'*insuperabiliter*, l'*invictissimè* dont on abuse pour
nous faire entendre que selon saint Augustin la grace necessite la volonté, ne
tombent pas sur les graces actuelles des
prédestinez, ausquelles il est certain
par la foy qu'ils peuvent resister, &
qui ne font qu'une partie du don de la
persévérance finale ; mais ces termes
tombent sur ce don regardé selon toute
son étenduë, & comme comprenant
plusieurs choses qui ne dépendent pas
en effet de nous ; & en particulier dans
ce point capital, qui consiste à être enlevé de ce monde, quand on est dans
l'état de la Grace, & à n'en être pas
enlevé, quand on est en état de peché.

Par-là Dieu donne aux prédestinez
non seulement le pouvoir de perseverer comme à Adam, mais encore la
perseverance même, ainsi que parle
saint Augustin, & par là, encore un
coup, se justifie la justesse de la compa-

raison que saint Augustin fait de la grace donnée à Adam pour persevérer, dont il ne profita pas, avec le don de perseverance accordé aux prédestinez de nôtre état. L'usage de la grace donnée à Adam pour persevérer dépendoit de son libre arbitre, pourquoy ? C'est qu'il ne s'agissoit que de l'execution du commandement que Dieu luy faisoit, pour éprouver son obeïssance, & de resister à la suggestion du Demon : & c'est pour cela que la chose est attribuée à sa liberté. Au contraire le don de persevérance dont Dieu favorise les prédestinez, c'est-à-dire, cette grace & ce secours par lequel on persevere en effet, ne dépend point de leur libre arbitre, parce qu'il ne s'agit pas d'une seule action qui soit au pouvoir de leur volonté, même soûtenuë de la grace ; mais d'une certaine conduite de providence qui renferme une infinité d'incidens indépendans de la liberté des hommes ; & sur tout d'être favorisez d'une mort dans la grace, & préservez de la mort dans le peché : faveur que Dieu accorde gratuitement, mais dont il prive justement celuy qui par sa faute s'est malheureusement abandonnée au peché, dans lequel la justice de Dieu le surprend.

Tout ce que je viens de dire icy me paroît être la pure doctrine de saint Augustin, & je crois que tous ceux qui l'auront bien étudiée dans ce saint Docteur de la grace avec une intention droite & sans prévention pour les nouveautez de ce tems, verront aisément que cette explication est tres-conforme à la doctrine de ce Pére. Et par là s'évanoüit la difficulté specieuse que les Novateurs & l'Auteur du libelle fondent sur ce passage du livre *de la correction & de la grace*, qu'ils ont tant fait valoir, & sur lequel ils rendent saint Augustin coupable du dogme Calviniste de la grace nécessitante.

Je vas comprendre en peu de mots les trois reponses dont je me suis servi pour satisfaire à l'objection tirée de l'onziéme & du douziéme chapitre *de la correction, & de la grace*.

La premiere est de plusieurs tres-habiles Theologiens, qu'Adam n'avoit pas besoin de grace prévenante ou d'inspiration dans l'état d'innocence pour remplir ses devoirs, & que la grace de la justice originelle étoit cet *adjuto-*

rium sine quo, c'est-à-dire ce secours
sans lequel il ne pouvoit pas persevérer, & avec lequel il eût persevéré s'il
eût voulu, & que dans cette supposition il est faux que saint Augustin fasse
là l'opposition de la grace prévenante
d'un état, avec la grace prévenante de
l'autre, comme si la difference essentielle de la grace prévenante de l'état d'A-
dam, eût été d'être entierement à la
disposition du libre arbitre, & qu'au
contraire celle de nôtre état imposât au
libre arbitre la necessité d'agir.

Cette réponse est renduë fort proba-
ble par les reflexions que j'ai faites sur
les expressions, dont se sert S. Augustin
en cet endroit en parlant de la grace
d'Adam : le Maître des sentences, &
plusieurs des plus solides d'entre les anciens Theologiens les avoient faites
avant moy, avant Jansenius & avant
Calvin, & je souscrirois volontiers à
ce sentiment, s'il ne s'agissoit précisément que de ce seul passage : mais il y
en a d'autres qui me paroissent difficiles
à concilier avec l'idée, que ces Theologiens attribuent icy à saint Augustin,
sçavoir qu'Adam & les Anges n'avoient
pas besoin pour faire le bien, d'une gra-

ce prévenante & d'inspiration ; & c'est
ce qui m'empêche de m'en tenir à cette
reponse, à l'exemple du Cardinal Bel-
larmin qui l'avoit donnée d'abord, &
qui l'abandonna dans la suite.

La seconde reponse est qu'en supposant même qu'Adam eût besoin de la
grace prévenante & d'inspiration, &
que saint Augustin opposât en cet endroit celle d'Adam à celle des prédestinez de nôtre état, en ce que l'une
est laissée & confiée au libre arbitre,
& que l'autre se soumet le libre arbitre, le Saint Docteur auroit eu raison
de parler de la sorte à cause de la differente maniere dont cette grace auroit agi sur la volonté d'Adam, & de
celle dont elle agit sur la nôtre. Car
elle auroit supposé dans Adam une liberté saine & entiere pour faire le bien.
Tout l'usage de cette grace auroit donc
été d'imprimer quelque mouvement à
cette volonté parfaitement libre & parfaitement disposée à le suivre. Au lieu
que dans nôtre état, non seulement elle
doit exciter la volonté, mais elle doit
la guerir, elle doit surmonter la concupiscence & le penchant excessif qu'elle
a pour le mal. La grace ne la trouve

pas libre pour le bien ; mais elle luy
donne elle-même la liberté pour faire
le bien. C'est pourquoy tout le bien
que fait la volonté dans nôtre état, est
attribué à la grace qui la soûmet toute
rebelle qu'elle est ; mais ce n'est pas en
luy imposant la necessité d'agir : car
quelque efficace qu'elle soit, elle luy
laisse toûjours le pouvoir de suivre l'at-
trait de Dieu, ou de ne le suivre pas, selon saint Augustin. *Consentire autem aut*
dissentire, dit ce saint Docteur, *propriæ*
voluntatis est.

En troisiéme lieu enfin j'ai expliqué
comment, selon saint Augustin, la persevérance d'Adam & des Anges dépendoit de leur libre arbitre, parce qu'elle
consistoit dans l'execution du commandement de Dieu, & dans un acte d'u-
ne volonté parfaitement saine ; & comment au contraire le don de persevérance des prédestinez de nôtre état,
pris selon toute son étendue, ainsi que
le prend saint Augustin, n'étoit pas en
leur pouvoir, en ce qu'il dépendoit
d'une infinité de conjonctures qu'il
appartient à la seule providence favorable de Dieu de leur ménager ; & en
particulier du moment où il les enleve

de

Aug. lib. de
spiritu & litt.
cap. 33.

de ce monde ; moment où ils sont en état de grace, ayant pû être enlevez en un autre tems où ils étoient dans le peché : au lieu que d'autres sont surpris par la justice de Dieu étant dans l'état de peché, où ils sont tombez par leur faute, & n'ont point été pris dans l'état de grace, quoi-qu'ils s'y fussent trouvez plusieurs fois, & qu'ils y eussent quelquefois demeuré long-tems. Ainsi malgré les tentations de cette vie, comme parle le Saint Docteur, malgré les adversitez, malgré les chutes mêmes des prédestinez, Dieu execute toûjours invinciblement sur eux le Decret misericordieux qu'il a fait de les sauver, en ne leur donnant pas seulement l'*adjutorium sine quo*, c'est-à-dire le pouvoir de se sauver, s'ils le veulent, comme il le donna à Adam ; mais l'*adjutorium quo*, avec lequel ils se sauvent & perseverent en effet. Et c'est cette idée & cette doctrine, que saint Augustin a renfermée en peu de mots dans la définition qu'il a donnée de la prédestination en ces termes. C'est une prévision & une préparation de bien-faits de Dieu, par lesquels il sauve infailliblement ceux qui sont sauvez,

Lib. persev. cap. 14.

Præscientia & præparatio beneficiorum Dei, quibus certissimè liberantur quicumque liberantur. Et comme les Semipelagiens le chicanoient en disant que l'on voyoit des réprouvez qui persévéroient plusieurs années dans le bien, & que par conséquent le don de la persévérance ne regardoit pas seulement »les prédestinez ; je ne dispute point »des mots, dit-il, & j'appelle seule- »ment persévérance celle par laquelle »on persévére jusqu'à la fin. *Hanc certè de qua nunc agimus, perseverantiam qua in Christo perseveratur usque in finem.*

Ainsi il est évident que cette grace de persévérance des prédestinez, avec laquelle il compare la grace de persévérance d'Adam, n'est point une grace actuelle, quoique d'ordinaire elle en renferme plusieurs, mais elle renferme en même tems diverses autres choses qui ne dependent point de nous, qui sont l'effet de sa misericorde & de sa pure volonté, & qui composent toutes ensemble une grace efficace pour le salut ; de laquelle il est vray de dire qu'elle a invinciblement son effet, sans interesser néanmoins nôtre libre arbitre dans le consentement libre qu'il donne ou qu'il refuse aux graces particulieres ; & cela, parce qu'il depend toûjours de Dieu de nous tirer de ce monde, ou dans sa grace, ou dans l'état de peché. C'est un effet de sa justice à l'égard de ceux qu'il surprend dans le peché, & un effet de sa misericorde à l'égard de ceux qu'il prend dans la grace.

C'est donc avec la plus punissable temerité que l'Auteur du libelle fondé sur ce passage du livre *de la correction & de la grace*, dont les Novateurs ont abusé & desquels il a suivi l'idée, accuse saint Augustin luy-même de nouveauté, & luy attribuë l'erreur de la grace nécessitante, tant de fois anathematisée par l'Eglise. Il reste à voir s'il n'a pas traité ce Saint Docteur avec autant d'injustice sur l'article de la prédestination.

CHAPITRE III.

Où l'on examine si la doctrine de saint Augustin touchant la prédestination renferme les erreurs que l'Autheur du libelle luy reproche, & si elle est contraire à la Tradition des quatre premiers siécles.

ON ne peut pas disconvenir que la doctrine de saint Augustin touchant la prédestination ne fasse naître dans l'esprit de ses lecteurs beaucoup de difficultez : & que dés son tems non seulement les Pelagiens, mais encore plusieurs autres n'y trouvassent à redire. Ceux-cy cependant, quoiqu'ils condamnassent Pelage, furent pour la plûpart Semipelagiens, comme on le voit clairement par les lettres de Prosper & d'Hilaire écrites à saint Augustin : parce qu'en désaprouvant les erreurs de cet Heresiarque sur sa doctrine du peché originel, & sur la question de necessité de la grace pour les bonnes œuvres, ils soûtenoient que

la foy qu'ils distinguoient des bonnes
œuvres, étoit toute du libre arbitre sans
la grace.

Pour bien connoître la doctrine de
saint Augustin sur la matiere dont il
s'agit, il faut prendre quelques regles.
J'en choisis deux qui me paroissent justes. La premiere dont je me suis déja
servi dans les chapitres precedens, pour
juger de ses sentimens touchant le libre arbitre & la grace ; sont les erreurs
qu'il combattoit. La seconde seront
les deux livres qu'il a faits exprés sur ce
sujet, pour répondre à ceux qui le con-
sultoient touchant la prédestination.
Ces deux livres sont celuy qui a pour
titre *de la prédestination des Saints*, &
l'autre qui avoit aussi autrefois le même
titre ; mais que dans la suite du tems
on a intitulé *du don de la persevérance*.
Ces deux regles se renferment l'une
l'autre : car dans ces ouvrages il combat les erreurs des Semipelagiens &
établit le dogme Catholique.

ARTICLE I.

Sentimens des Pelagiens & des Semipelagiens sur la prédestination.

PElage & les Pelagiens rigides qui demeurerent attachez sans adoucissement à la doctrine de leur Maître, telle qu'il la leur avoit d'abord enseignée, ne reconnoissoient point d'autre prédestination ou d'autre élection à la gloire, que le Decret que Dieu avoit fait de donner le Paradis à tous ceux qui useroient de leur liberté pour éviter le mal & faire le bien : & ce bon usage de la liberté selon luy se faisoit sans le secours de la grace interieure, que Pelage admit cependant, ou plûtôt qu'il fit semblant d'admettre dans la suite, non pas comme un secours necessaire, mais qui facilitoit aux hommes la voye du salut ; de sorte que dans son systême, Dieu ayant prévû que tels & tels employeroient leur liberté à le bien servir & à luy être fidelles, avoit resolu de leur donner la couronne de gloire.

Sur ce principe, la question qu'on propose aujourd'huy dans l'école, sçavoir si la prédestination est devant la prévision des merites, *an prædestinatio sit ante prævisa merita ?* auroit été décidée par Pelage en niant qu'elle se fasse ainsi ; & il auroit dit qu'elle est après la prévision des merites, parce que Dieu n'auroit choisi ses saints, qu'en vûë précisément de leurs merites.

Une telle décision auroit été heretique, non pas par ses propres termes : car elle a été soûtenuë de tout tems dans les Ecoles Catholiques ; mais en ce qu'elle excluoit la grace ; qui selon la doctrine de l'Eglise est le principe de nos merites, parce qu'elle l'est de toutes nos bonnes œuvres.

Saint Augustin prouva si solidement cette verité contre Pelage, qu'il fit revenir beaucoup de personnes de l'erreur opposée, ou les empêcha d'y tomber : mais aprés tout la Doctrine de Pelage avoit quelque chose de si plausible & de si specieux, en ce qu'elle appuyoit le dogme du libre arbitre que l'Eglise soûtenoit alors fortement contre les Manichéens ; elle fondoit en apparence une Morale si propre à com-

battre les pecheurs, dont le salut, leur
disoit on, dépendoit entierement d'eux;
& elle paroissoit si utile pour ôter les
inquietudes touchant la prédestination,
que plusieurs se trouverent prévenus en
sa faveur. Mais comme d'ailleurs saint
Augustin leur avoit montré clairement
qu'elle étoit contraire à l'Ecriture, ils
crurent qu'en la modifiant, ils pourroient la rendre Catholique.

Epist. Prosper
& Hilarii ad
August.

    Ce fut particulierement dans les
Gaules, où quelques Evêques & quelques Prêtres en reputation de doctrine
& de vertu s'aviserent de distinguer la
foy d'avec les bonnes œuvres; & de
dire qu'à la verité le libre arbitre ne
pouvoit pas faire les bonnes œuvres
sans la grace : mais qu'il étoit suffisant
par luy-même pour croire en Dieu &
en Jesus Christ, ou du moins
pour souhaiter d'être éclairez de Dieu,
ce qu'ils appelloient un commencement
de foy.

    Ce qui leur avoit fait imaginer cette
distinction, c'étoit qu'ils vouloient que
le choix que Dieu fait de ceux, qu'il met
au nombre des fidelles par le baptême
& dans la voie de salut, pour les y
conduire par sa grace, & que l'exclusion
de-

de ceux qui ne deviennent pas les membres de JESUS-CHRIST par la re-
genération, fussent fondez l'un & l'autre sur la pure liberté de l'homme , de
laquelle , disoient-ils , ils n'exigeoient
seulement qu'un simple desir d'être
éclairez ; que d'une part tous ne se sau-
vant pas , & d'ailleurs étant dit dans
les saintes lettres que Dieu veut que
tous les hommes soient sauvez & qu'ils
parviennent à la connoissance de la
verité , il falloit que la difference du
sort des hommes , dont les uns sont
réprouvez , les autres élûs pour le salut
éternel , les uns sont Chrétiens , les
autres demeurent infidelles , eût sa
source dans leur liberté ; qu'autrement
Dieu seroit accepteur des personnes ,
c'est-à-dire , qu'il feroit , sans aucune
raison de leur part , le bon-heur des
uns & le malheur des autres ; ce qu'ils
disoient aussi être expressément contraire à l'Ecriture.

En second lieu, ils ne pouvoient sup-
porter ce que saint Augustin enseignoit
touchant la persevérance ; que c'étoit
un don de Dieu purement gratuit , qui
ne se pouvoit meriter , & un effet de sa
pure misericorde à l'égard de ceux qu'il
en favorisoit.   N

Ils désapprouvoient plusieurs autres propositions dans la doctrine de ce saint Docteur, dont j'examinerai les principales dans la suite : mais les deux dont je viens de parler étoient les points capitaux, & ausquels saint Augustin, ayant reçu les deux lettres de Prosper & d'Hilaire, entreprit de repondre dans les deux livres qu'il leur envoya. Il examina l'un dans le premier livre qu'il intitula, *de la prédestination des Saints*, & l'autre dans le second livre qui porte aujourd'huy pour titre, *du don de la persevérance*. Il faut donc voir ce que saint Augustin a soûtenu dans l'un & dans l'autre pour juger exacté-ment de sa doctrine.

ARTICLE II.

De la doctrine de saint Augustin dans le livre de la prédestination des Saints, *& dans celuy* du don de la persevérance, *opposée à celle des Semipelagiens.*

Dire que saint Augustin a eu pour but principal de soûtenir les deux propofitions contradictoires à ces deux dogmes capitaux des Semipelagiens touchant la foy & la perseveran-ce finale , & qu'il reduit là toute fa doctrine fur ce qu'il faut croire de la pré-deftination ; c'eft dire qu'il eft catholique fur l'article de la prédeftination : puifque ces deux dogmes des Semipelagiens font condamnez par l'Eglife, & que leurs contradictoires certainement font de la foy : or c'eft ce qu'il a fait dans ces deux ouvrages , où il traite exprés cette matiere. Donc la doctrine de faint Auguftin fur la préde-ftination eft Catholique & conforme à la tradition de l'Eglife. Et c'eft la conclufion que j'ay à foûtenir contre celuy que je refute.

La Majeure de cet argument eft évidente par elle même : il ne refte que la Mineure à prouver , fçavoir que faint Auguftin dans les deux ouvrages dont il s'agit, a eu pour but principal de foûtenir les deux propofitions contradictoires aux deux erreurs capitales des Semipelagiens en cette matiere, & qu'il reduit à ces deux propofitions toute fa doctrine fur ce qu'il faut croire de la prédeftination.

Cette Mineure a encore deux parties ; la premiere, que saint Augustin a eu pour but principal de soutenir les propositions contradictoires aux erreurs Semipelagiennes ; & la seconde, qu'il a reduit là toute sa doctrine, sur ce qu'on doit croire de la prédestination. Il faut les prouver l'une aprés l'autre.

Preuves de la premiere partie de la Mineure.

SAint Augustin, aprés avoir temoigné sa joïe de voir que ceux dont Prosper & Hilaire luy parloient dans leurs lettres, reconnoissoient suivant la doctrine de l'Eglise, & malgré les faux raisonnemens de Pelage, qu'il y avoit un peché originel ; que nous en sommes délivrez par la grace de JESUS-CHRIST ; que la volonté des hommes ne peut faire ni achever aucune bonne œuvre sans être prévenuë & secondée de la grace ; se propose au commencement du second chapitre, de leur montrer que la foy, non plus que les autres bonnes œuvres, n'est pas l'effet du libre arbitre seul, mais de la grace avec luy, & que c'est aussi un don de

Lib. 1. de pradest. sanct. cap. 1.

Dieu. Je dois , dit-il , prouver d'a- *cap. 2.*
bord que la foy par laquelle nous sommes Chrêtiens est un don de Dieu,
Prius itaque fidem , quâ Christiani su-
mus , donum Dei esse debemus osten-
dere.

Il le montre ensuite par plusieurs
passages de l'Ecriture sur lesquels il
raisonne fort au long , & entre autres
par ceux-cy : *Il nous a été donné non* *Philip. 2.*
seulement de croire en luy ; mais encore
de souffrir pour luy. Il n'est pas en nôtre
pouvoir d'avoir de nous mêmes une bonne
pensée ; mais tout ce que nous pouvons *2. Cor. 3.*
vient de Dieu. Or, ajoûte-t-il , il faut
penser avant que de croire : donc puisque l'Apôtre dit que nous ne pouvons
avoir de bonne pensée de nous-mêmes
& sans la grace de Dieu , nous ne pouvons croire , ni commencer à croire
que par la grace de Dieu.

Il rapporte plusieurs autres passages *cap. 2.*
semblables pour établir sa proposition,
& montre dans le chapitre suivant
que c'est la doctrine de la Tradition , *Lib. 3. ad*
citant sur ce sujet saint Cyprien. Il ré- *Quirinum.* *cap. 4.*
pond dans tout le livre à diverses ob-
jections des Semipelagiens rapportées
dans les lettres de Prosper & d'Hilaire,

tourne plusieurs de leurs argumens
contre eux-mêmes, leur montre qu'ils
ne raisonnent point du tout conse-
quemment : & il conclut dans le dernier chapitre en disant qu'il attend
d'eux ce sincere aveu sur cette matiere,
sçavoir qu'il est venu à bout de leur
prouver ce qu'il s'étoit proposé, que
même le commencement de la foy,
aussi bien que les autres bonnes œuvres,
est un don de Dieu. *Fateamur nos fe-*
cisse quod fecimus, id est etiam initium
fidei, sicut continentiam, patientiam,
justitiam, pietatem, & cætera, de quibus
cum iis nulla contentio est, donum Dei
esse, docuisse.

Quoique saint Augustin dans ce livre eût déja jetté en passant quelques
preuves touchant l'article de la persevérance, il s'étoit reservé à traiter cette matiere à fond dans l'autre livre intitulé *du don de la persevérance.*

Il y fait d'abord sa proposition. Je
soûtiens, dit-il, que la persevérance
par laquelle on persevére en Jesus-
Christ jusqu'à la fin, est un don de
Dieu : *Asserimus ergo donum Dei esse*
perseverantiam quâ usque in finem per-
severatur in Christo. Et aprés avoir

écarté quelques questions de mots qu'on luy pouvoit faire sur ce terme de *perse-vérance*, il commence ainsi le chapitre second.

Cela supposé, dit-il, voyons si cette perseverance dont il est dit, *celuy qui perseverera jusqu'à la fin sera sau-vé*, est un don de Dieu. — Matth. 10.

Il le prouve par ce passage de l'Apô-tre aux Philippiens, dont il s'étoit dé-ja servi au livre précedent pour prou-ver que la foy étoit un don de Dieu. *Il nous a été donné non seulement de croire en luy, mais encore de souffrir pour luy.* Entendant par ce mot de *souffrir*, la perseverance des Martyrs dans leurs tourmens jusqu'à la mort; & il ajoû-te qu'il faut juger de même à propor-tion de ceux qui meurent en JESUS-CHRIST ou par maladie ou par quel-qu'autre accident. Il applique au mê-me sujet ce passage de Jeremie : *Je met-trai ma crainte dans leur cœur, afin qu'ils ne m'abandonnent pas.* — Jeremie cap. 32.

Il confirme ensuite sa these par les prieres de l'Eglise & par celles que font les fidelles en particulier, pour obtenir de Dieu de mourir dans l'état de la grace; & dit que ce seroit se mocquer

de prier de la sorte, si nous n'attendions
pas de Dieu le don de la perseverance.

Aprés cela, comme s'il avoit prévû
les calomnies de son adversaire d'aujourd'huy, il s'appuye sur la Tradition : & depuis la fin du chapitre second jusqu'au septiéme, il rapporte les
extraits du livre de saint Cyprien sur
l'oraison Dominicale, par lesquels il
prouve que de tout tems dans l'Eglise
on a crû que la persévérance étoit un
don de la misericorde de Dieu : &
bien qu'il ne nous soit jamais dû ; cependant, ajoûte-t-il, au chapitre sixiéme, nous pouvons meriter de l'obtenir
par nos prieres : *hoc ergo Dei donum
suppliciter emereri potest.*

Enfin dans le reste du livre, il refute comme dans le precedent, les objections des Semipelagiens, & tourne
pareillement quelques-uns de leurs argumens contre eux. Mais il faut voir
maintenant à quoy saint Augustin reduit precisément luy-même sa doctrine & la doctrine Catholique sur la prédestination.

A quoy saint Augustin reduit sa do-
ctrine & la doctrine Catholique
de la prédestination.

LES Semipelagiens nioient la prédestination en tant qu'on vouloit
qu'elle renfermât les deux veritez dont
je viens de parler, sçavoir, que la vocation à la foy & la persevérance finale étoient des dons de Dieu ; desquelles
ils pretendoient qu'il suivoit des consequences tres-pernicieuses. Or dés-là
qu'il est constant que c'étoit-là l'état
de la question, il s'ensuit que S. Augustin qui le propose fort nettement dans
les livres *de la prédestination des Saints,
& du don de la perseverance* , ne donne
comme article de foy en cette matiere
que ce qui établit ces deux dogmes.
Mais il est bon de confirmer encore la
chose par d'autres passages que ceux que
j'ai déja rapportez.

Au livre *du don de la perseverance*
chapitre septiéme, l'Eglise, dit-il, «
n'a que faire de s'embarasser de tant «
de disputes. Qu'elle fasse attention «
aux prieres qu'elle fait. Elle prie Dieu «
que les incredules croyent ; c'est donc «

»Dieu qui les convertit à la foy. Elle
»prie que ceux qui croient perseverent;
»c'est donc Dieu qui leur donne la per-
»severance jusqu'à la fin. De plus Dieu
»a prévû ce qui devoit arriver là-des-
»sus : voila tout le mystere de la pré-
»destination des Saints. *Ipsa est prædestinatio sanctorum.*

C'est tout ce qu'il a voulu exprimer
dans la définition qu'il donne de la
»prédestination au même livre. Car ,
»dit-il , quelqu'un osera-t-il dire , que
»Dieu n'a point prévû qui seroient
» ceux à qui il donneroit la foy , &
» ceux qu'il donneroit à son fils de telle
» sorte qu'il ne periroit aucun d'eux ?
» Que s'il a prévû tout cela , il a prévû
» aussi les graces par lesquelles sont cer-
»tainement délivrez tous ceux qui sont
» délivrez. *Hæc prædestinatio sanctorum
nihil aliud est quàm præscientia scilicet
& præparatio beneficiorum Dei , quibus
certissimè liberantur quicumque liberantur.*

Et au chapitre dix-septiéme , aprés
avoir montré que ceux dont Prosper &
Hilaire luy avoient écrit, ne raisonnoient point du tout conséquemment,
en pretendant que la doctrine de la pré-

destination rendoit inutiles les exhortations que l'on faisoit aux incredules pour les faire croire, & à ceux qui croyoient déja pour les faire perseverer jusqu'à la fin. Aprés, dis-je, leur avoir montré qu'ils ne raisonnoient point conséquemment, vû qu'ils avoüoient que Dieu nous donnoit par sa grace les vertus, comme la chasteté, la charité, la devotion, & qu'ils ne laissoient pas pour cela d'exhorter les hommes à ces vertus ; il leur fait cet argument : Dieu donne ces vertus, & il a prévû qu'il les donneroit : donc il y a une prédestination au regard de ces vertus, la prédestination à cet égard n'étant point autre chose que la préscience de ces vertus & la volonté de les donner. *Quod si & dantur & ea se daturum esse præscivit, profectò prædestinavit.* D'où il s'ensuit par le même raisonnement contre les Semipelagiens, qu'il y a une prédestination pour la foy, & une prédestination pour la perseverance finale : c'est-à dire que Dieu prévoit & donne l'une & l'autre, puisque l'Eglise le prie pour l'une & pour l'autre.

Enfin de tout cela il conclut, & ces paroles sont remarquables, que par la

doctrine de la prédestination on ne fait
point autre chose que de détruire la per-
nicieuse erreur qui s'élevoit dans l'E-
glise, sçavoir que la grace nous est donnée en vûë de nos merites. *Sed impedi-*
ri potiùs atque subverti hac prædestina-
tionis prædicatione illum tantummodo per-
niciosissimum errorem, quo dicitur gra-
tia Dei secundùm merita nostra dari, ut
qui gloriatur ; non in Domino, sed in seipso
glorietur.

Il est donc vrai que saint Augustin
reduit luy-même toute la doctrine de la
prédestination au dogme Catholique,
opposé à cette erreur, & qu'il ne déduit
cette doctrine que de ces deux antece-
dens. 1. Dieu nous inspire la foy. 2. Il
nous donne la perseverance. De plus
que c'est de la qu'il tire la définition
qu'il donne de la prédestination con-
çuë en ces termes : c'est la préscience & la préparation des bien-faits
de Dieu, par lesquels ceux qui sont
délivrez sont infailliblement délivrez,
Præscientia & præparatio beneficiorum
Dei quibus certissimè liberantur qui-
cumque liberantur : Que cette définition n'a rien, non seulement qui ne
soit appuyé sur l'Ecriture, mais enco-

re sur ce que la Théologie naturelle nous apprend, que Dieu connoît tout ce qui doit arriver dans la suite des tems, & que dirigé par cette lumiere infinie, sa providence dont la prédestination fait la principale partie, execute ses decrets, desquels il ne nous est pas permis de pénetrer le secret. Et c'est pour cette raison que bornant là ses raisonnemens, il en revient toûjours dans les difficultez qu'on luy propose à ces paroles de saint Paul : *O altitudo divitiarum sapientiæ & scientiæ Dei! Quam* *Rom. 11.* *incomprehensibilia sunt judicia ejus, & investigabiles viæ ejus! Quis enim cognovit sensum Domini ?* Paroles qui nous apprennent que dans ce mystere impénetrable, nous devons soûmettre nôtre jugement, adorer ceux de Dieu, travailler à nôtre salut avec crainte & tremblement ; persuadés d'ailleurs que si nous nous perdons, ce sera par nôtre faute, & que certainement, comme *Lib. de nat. &* saint Augustin luy-même nous en aver- *grat. cap. 26.* tit tres-souvent, il ne nous abandon- *Lib. de bono* nera jamais que nous ne l'ayons aban- *persev. cap. 6.* donné les premiers en cessant de bien *Lib. 13. de Civitate Dei* vivre : *Non deserit si non deseratur, ut* *cap. 15.* piè semper justeque vivatur.* *Lib. de corrept. & grat. cap. 11.*

Sur quoy je feray une reflexion en passant, qu'en quelque sistême que ce soit, même en celuy des Pelagiens, s'ils raisonnoient conséquemment, il est impossible que nôtre salut ne dépende de Dieu. Car en supposant avec Pelage cette opinion si fausse & si opposée à toute l'Écriture, que le libre arbitre est suffisant sans la grace pour les bonnes œuvres, ne seroit-il pas vray cependant que l'œconomie de nôtre vie prend sa forme d'une infinité de circonstances qui ne sont point en nôtre pouvoir, comme de nôtre naturel, de nôtre tempérament, de nôtre éducation, de nôtre état, du païs où nous naissons, des societez ou nous nous trouvons, des occasions plus ou moins frequentes, plus ou moins pressantes de commettre le peché ou de pratiquer le bien, & de tout ce qui diversifie les differentes conditions des hommes.

Cela supposé, ceux que Dieu feroit naitre dans un pays Catholique, de parens pieux qui leur donneroient une éducation chrêtienne ; qu'il auroit favorisés d'un esprit bien-fait, d'un beau naturel, aisé à tourner vers le bien ; de qui certains ressorts de sa providence

éloigneroient les occasions de peché ;
qui se trouveroient engagez heureuse-
ment dans certains états où tout les
porteroit à Dieu : ces personnes, en
comparaison de tant d'autres qui man-
queroient de tous ces avantages, & qui
se rencontreroient dans des dispositions
d'esprit & de cœur tout opposées, au
milieu des perils continuels d'une con-
dition ou d'un employ, où tout s'accorderoit avec leur mauvais penchant
pour les damner : ces premiers , dis-je,
même dans les principes de Pelage, ne
devroient-ils pas être regardez comme
des Elûs & des prédestinez de la providence, qui les conduiroit au Ciel,
comme par la main , tandis que cette
même providence permettroit que les
autres fussent entraînez vers l'enfer
par le torrent du monde , & par les
mauvaises inclinations qu'ils auroient
apportées en naissant ? Dieu n'auroit-il
pas prévû & voulu de toute éternité ces
situations si differentes des uns & des
autres ? n'auroit-il pas dépendu de luy
d'en faire le partage, comme il auroit jugé à propos ? Que Pelage substituë tant
qu'il voudra le libre arbitre à la grace : ce libre arbitre determiné par tant

& de si heureuses circonstances arrive-
roit infailliblement au salut, & en seroit
redevable à la pure bonté de Dieu, qui
les luy auroit menagées tres gratuitement ; & l'autre emporté encore plus
fortement vers le mal se perdroit sure-
ment dans une mer si orageuse, où il
n'auroit point d'autre Pilote pour le
conduire qu'une raison aveugle, sans
cesse troublée par la violence de ses passions, & sollicitée à tout moment par
mille objets dangereux, entourée de
toutes parts de piéges & de précipices,
qu'il ne pourroit éviter avec un si mauvais guide : & comparant son malheureux sort avec celuy d'un autre, pour
qui la providence auroit facilité, ap-
plani, assuré tous les chemins, il se
croiroit en droit de blasphemer contre
elle pour cette inégalité. Tant est faux
ce que quelques-uns ont dit que Pelage étoit bon Philosophe & mauvais
Theologien : car il raisonnoit également mal & dans les principes de la
foy & dans les principes de la raison.

Il en est de même à proportion de
quelques Theologiens, qui sans s'é-
carter des dogmes Catholiques comme
a fait Pelage, ont imaginé divers arrangemens

rangemens arbitraires des connoiſſan-
ces & des decrets de Dieu exprés pour
tranquiliſer les hommes ſur l'article
de la prédeſtination. Ces arrangemens
ont leur utilité ; mais ce n'eſt pas pour
la fin qu'ils prétendent. Car quoi-qu'ils
puiſſent dire & imaginer, ils conviennent que Dieu a la préſcience de tout
l'avenir ; & qu'il a deſtiné à tous les
hommes les routes par leſquelles il
veut les conduire, les unes plus aiſées,
& plus ſeures, les autres plus difficiles & plus dangereuſes. En les leur
marquant il a prévû où elles abouti-
roient. Pourquoy l'a-t-il fait en con-
noiſſant que nonobſtant le ſecours de
ſa loy & de ſes graces pluſieurs y pe-
riroient , pouvant les conduire par
d'autres chemins où il prévoyoit qu'ils
ſe ſeroient ſauvez ? C'eſt ce qu'il ne
nous eſt pas permis de penetrer. *O alti-*
tudo divitiarum ſapientiæ & ſcientiæ
Dei ! Quàm incomprehenſibilia ſunt ju-
dicia ejus.

Ce n'eſt point à nous à raiſonner là-
deſſus, quoique les Peres & les Theologiens en apportent pluſieurs raiſons
vray-ſemblables ; ce que nous avons
à faire au milieu de ces tenebres impe-

netrables, c'est, encore un coup, de nous
tenir fermes aux principes de nôtre foy,
qui nous apprend que Dieu ne nous refuse point fa grace, quand il s'agit d'accomplir ou de violer fes Commandemens ; qu'avec cette grace nous pouvons luy être fidelles ; que tandis que
nous le ferons, il le fera auffi à nôtre
égard. *Fidelis est Deus, qui non patietur
vos tentari supra id quod potestis, sed fa-
ciet cum tentatione proventum.* C'est af-
fez qu'il nous affûre qu'il nous accor-
dera la perseverance fi nous la luy de-
mandons comme il faut : & qu'il nous
donne fa grace pour le faire. Sur cela
ayons toûjours confiance en luy ; mais
fur la connoiffance de nôtre foibleffe,
défions nous toûjours de nous mêmes.
Agiffons à proportion pour nôtre falut, comme nous agiffons pour nos af-
faires temporelles. La préfcience & les
Decrets éternels de Dieu ne nous empêchent point de folliciter ardemment
un procés, comme fi le gain de nôtre
caufe dépendoit uniquement des mefu-
res, des foins & des précautions que
nous prenons. Faifons de nôtre côté
tout ce que nous pourrons pour nous
fauver ; & fi nous le faifons ainfi,

1. Cor. cap. 10.

nous sommes assûrez de réüssir.

Mais revenons à S. Augustin. Toute la substance de sa doctrine sur la prédestination, ainsi que je l'ay démontré,
est tres catholique, & n'est fondée que
sur deux principes incontestables de
nôtre Religion, sçavoir que la foy &
la perseverance finale sont des dons de
la misericorde de Dieu. C'est tout ce
qu'il a prétendu prouver aux Semipelagiens, & ce qu'il leur a prouvé invinciblement par l'Ecriture & par la
Tradition : & c'est par là qu'il faudroit
juger de la pureté de sa doctrine. Mais
on s'attache mal-à-propos à quelques
propositions incidentes qu'il a faites
dans ces sortes de disputes : & au lieu
de les entendre conformement à l'essentiel du dogme qu'il a établi, on les
tire à conséquence pour le fond de sa
doctrine même. Il n'est pourtant pas
difficile de le justifier là-dessus.

ARTICLE III.

Où l'on justifie saint Augustin sur quelques propositions incidentes.

Pag. 23. 24.
25. 29. 30. 31.
32. 33.

L'Auteur que je refute fait un ramas de ces propositions ausquelles il a donné le tour le plus odieux & le plus dur qu'il a pû, & par lequel il a fait paroître la doctrine de saint Augustin comme un monstre qui effraye & qui donne de l'horreur. En un mot, c'est un ramas des blasphêmes de Luther & de Calvin sur cette matiere. Je me contenterai de disculper le saint Docteur sur les deux principaux articles, dont les autres ne sont que des dépendances : c'est à sçavoir sur ce qu'il a dit en divers endroits de ses ouvrages, que Dieu ne vouloit pas sauver tous les hommes, & que JESUS-CHRIST n'étoit pas mort pour tous generalement.

pag. 23. &
24.

» Comme on avoit toûjours cru, dit » l'Auteur du libelle, ou supposé com- » me un principe incontestable jusqu'à » saint Augustin, que nous étions les » ouvriers de nôtre prédestination, & » que la grace qui nous est donnée pour

la meriter, étoit soûmise à nôtre libre arbitre ; l'on fut extrêmement
surpris, lorsque saint Augustin, qui
avoit été comme les autres dans ce
sentiment, enseigna le contraire; mais
on le fut encore davantage, lorsqu'il
entreprit, comme il y fut obligé, de
publier les maximes de sa nouvelle
opinion. Comme quand on luy en-
tendit dire que Dieu ne veut pas que
tous les hommes generalement soient
sauvez, que tous n'ont point été ra-
chetez par JESUS-CHRIST. C'est
ainsi que parlé toûjours avec une égale
temerité l'Auteur du mauvais livre que
j'ai entrepris de combatre.

Je ne pretends pas traiter icy ces
deux grandes questions à fond. Tant
de Docteurs Catholiques l'ont fait & si
solidement dans les deux derniers siécles contre Luther, Calvin & les Novateurs qui ont copié ces deux Heresiarques, qu'on ne peut rien ajoûter à
ce qu'ils ont dit là-dessus. Je me propose uniquement de justifier les expressions de saint Augustin en cette matiere,
& de montrer qu'au sens qu'il leur a
donné, elles ne contiennent rien que
de Catholique dans ses écrits ; je tâche-

rai de le faire le plus briévement qu'il
me sera possible.

Justification des expressions de saint Augustin sur la volonté de Dieu de sauver tous les hommes.

JE me sers toûjours de ma même regle pour juger du sens des propositions de saint Augustin, c'est-à-dire,
du but qu'il s'y propose, & du rapport
qu'elles ont à la doctrine des adversaires qu'il combattoit. Or je maintiens
qu'en suivant cette regle qu'il faut toûjours avoir en vûë, ses expressions sur
la volonté de Dieu, au regard du salut
des hommes, sont très-Catholiques.

Le dogme des Semipelagiens sur la
prédestination, comme je l'ay fait voir,
& comme tout le monde en convient,
étoit quelle dépendoit de la foy, ou du
moins du desir de croire, que les hommes produisoient par leur seul libre arbitre sans le secours de la grace; que
c'étoit ce qui déterminoit Dieu à choisir les uns plûtôt que les autres pour les
sanctifier, & ensuite pour les sauver,
s'ils perseveroient : c'est-à-dire que leur

prédestination à la grace & ensuite à la gloire, étoit l'effet de ce premier effort qu'ils avoient fait par leurs propres forces, & non du choix purement gratuit de la part de Dieu. *Propositum autem vocantis gratiæ in hoc omnino definiunt, quòd Deus constituerit nullum in regnum suum nisi per Sacramentum regenerationis assumere, ut & qui voluerint fiant filii Dei, & inexcusabiles sint qui fideles esse noluerint.*

Epist. Prosperi ad Augustin.

Pour appuyer cette doctrine ils se servoient de ce passage de saint Paul : *Dieu veut sauver tous les hommes, & qu'ils viennent à la connoissance de la verité.* Car, disoient-ils, supposé cette cette verité si expressément marquée dans l'Ecriture, & d'ailleurs étant un fait constant que tous les hommes ne sont pas sauvez, ni sanctifiez, il s'ensuit que la faute vient uniquement de leur part. Elle n'en peut venir sinon en tant qu'ils ne font nul effort de leur côté : parce que s'ils demandoient, ils recevroient ; s'ils prioient, on leur donneroit ; s'ils frappoient à la porte, on leur ouvriroit.

2. Tim. cap. 2.

Secondement, ils prétendoient que dans ce passage, saint Paul marquoit que

Dieu voloit également & indifferem-
ment le salut de tous les hommes. *Bo-
nitas in eo apparet si neminem repellat à
vita, sed* INDIFFERENTER, *uni-
versos velit salvos fieri & ad agnitionem
veritatis venire :* & c'est ce que saint
Prosper dit encore expressement dans
son Poëme.

> *Cùm* SINE DELECTU, *seu lex,
> seu gratia Christi
> Omnem hominem salvare velit.*

Saint Fulgence s'exprime de la même maniere sur le même sujet ; *quo
falluntur qui existimant divinam volun-
tatem* ÆQUALITER *se habere erga
salvandos & damnandos.* Ce n'est pas,
» ajoûte-t-il, entendre comme il faut
» ce passage de l'Apôtre, où il est dit
» de Dieu, qu'*il veut que tous les hommes
» se sauvent & qu'ils parviennent à la
» connoissance de la verité,* que de l'en-
» tendre de même au regard des vases
» de misericorde & des vases de colere.

En un mot, les Semipelagiens ne
pouvoient point du tout souffrir la prédestination gratuite, soit à la grace,
soit à la perseverance finale, & conséquemment à la gloire, que saint Augustin enseignoit ; & ils la combattoient
de toutes leurs forces.   C'est

C'est par rapport à ces fausses idées des adversaires de saint Augustin, qu'il faut l'entendre, lors qu'il dit en quatre ou cinq endroits de ses ouvrages, que Dieu ne veut point sauver tous les hommes en general, & qu'il met de la restriction au passage de l'Apôtre.

Car premierement il est faux dans le premier sens qu'ils donnoient aux paroles de saint Paul, que Dieu veüille sanctifier & sauver generalement tous les hommes autant qu'il est en luy, en attendant seulement un bon mouvement de leur libre arbitre sans la grace. Saint Augustin en leur répondant de la sorte, contr-disoit non pas l'Apôtre, mais leur erreur. C'étoit une de ces réponses qu'on appelle dans l'Ecole *ad hominem*, qui supposent les principes mêmes des adversaires contre lesquels on dispute, & il leur prouvoit la verité de sa reponse par l'exemple des enfans, dont les uns parviennent à la grace du Baptême, & les autres en sont exclus, quoi-qu'ils soient tous également incapables de meriter ou de démeriter cette grace par leur libre arbitre. C'est ainsi qu'il raisonnoit en écrivant à Vital Diacre de

P

» Carthage. Comment est-ce, luy di-
» soit-il , qu'on peut dire que tous
» recevroient cette grace , si ceux à qui
» elle n'est point donnée ne la rejet-
» toient par leur propre volonté ? &
» cela sur ces paroles de l'Apôtre, *Dieu*
» *veut que tous les hommes se sauvent ;*
» veû qu'elle n'est point donnée à un
» grand nombre d'enfans , qui n'ont
» point de volonté contraire ?

    Il faisoit la même question à Julien.
» Si Dieu veut que tous les hommes se
» sauvent, & parviennent à la connois-
» sance de la verité ; si c'est parce qu'ils
» ne le veulent pas qu'ils n'y parvien-
» nent point , pourquoy tant de mil-
» liers de petits enfans qui meurent sans
» Baptême , n'arrivent - ils pas au
» Royaume de Dieu , où se trouve la
» connoissance certaine de la verité ?
Il nioit donc dans ce premier sens des
Pelagiens & des Semipelagiens, que
Dieu voulût sauver tous les hommes :
il le nioit conformément au dogme Catholique, & le leur démontroit.

    Secondement il le nioit encore, &
non sans raison, dans le second sens ;
c'est-à-sçavoir, que Dieu voulût également *indifferenter, sine delectu, æqua*

lier, sauver tous les hommes. Car Dieu a une prédilection toute particuliere pour ses Elûs, il a pour leur salut une volonté efficace, & même absoluë, selon les Theologiens Catholiques qui raisonnent le mieux sur ce sujet ; au lieu qu'il n'a pour les autres qu'une volonté conditionnelle & seulement inefficace ; quoi qu'elle n'ait cette derniere qualité au regard des adultes, que par leur faute, comme saint Augustin le marque en divers endroits que je rapporterai bien-tôt.

Mais en troisiéme lieu, c'est que saint Augustin, en s'exprimant de la sorte, & en niant que Dieu voulût sauver tous les hommes, ne parloit que de cette volonté, qui est renfermée dans le decret de la prédestination gratuite, lequel fait la difference du sort des prédestinez & des réprouvez ; & que les erreurs des Pelagiens & des Semipelagiens luy avoient donné occasion de développer & d'établir. Or il est certain que par cette volonté prédestinante, s'il m'est permis de m'exprimer ainsi, Dieu ne veut point sauver tous les hommes. Elle n'a pour terme que la sanctification & le salut des prédestinez ; elle n'a rapport qu'à eux ; elle ne regarde qu'eux ; & les autres hommes n'y sont point compris.

C'est cette volonté qu'il avoit prouvée, & qu'il a toujours soutenuë contre ses adversaires par les deux dogmes Catholiques du don gratuit de la foy, & du don de la perseverance finale. Il conclut du premier, conformement à l'Ecriture, la prédestination gratuite à la grace, & plusieurs Theologiens Catholiques, dont j'ay toûjours suivi le sentiment, tiennent qu'il infere du second la prédestination gratuite à la gloire, & qu'il l'infere d'une maniere fort juste ; quoique d'autres, ainsi que l'Eglise le permet, n'ayent pas tenu ce qui me paroît être l'opinion de saint Augustin en ce point, qui n'appartient pas à la foy. Mais ce n'est pas dequoy il s'agit maintenant : il suffit que selon cette idée il se soit exprimé d'une maniere orthodoxe, lors même qu'il a nié que Dieu voulût sauver tous les hommes.

Si l'Autheur du libelle avoit consulté les Theologiens Catholiques sur le systeme de la doctrine de saint Augustin, au lieu de s'en rapporter aux

Novateurs qui ont voulu mettre ce Saint dans leur parti, il ne l'auroit pas accusé de nouveauté sur les dogmes de la Religion. Il auroit reconnu que saint Augustin n'a donné en cette matiere pour dogme de foy, que ce que les Peres avoient enseigné avant luy comme la foy de l'Eglise, ainsi que je l'ay démontré cy dessus. Mais il auroit pu dire avec quelque raison que touchant la prédestination gratuite à la gloire qui n'est pas de foy, il s'étoit exprimé un peu autrement qu'on ne faisoit pour l'ordinaire dans les premiers siecles : il auroit pu dire avec ces mêmes Theologiens, que c'est là une de ces questions incidentes, profondes & difficiles, desquelles il est parlé à la fin des dix chapitres, que l'on voit ajoûtez à la lettre du Pape Celestin écrite à quelques Evêques des Gaules, & desquelles il est dit qu'il n'est point necessaire de les décider : *Profundiores verò difficilioresque partes incurrentium quæstionum, quas latiùs pertractarunt qui hæreticis restiterunt, sicut non audemus contemnere, ita non necesse habemus astruere.*

Mais s'il avoit bien lû les écrits même du saint Docteur, il auroit encore

remarqué deux choses. La premiere,
que lors même qu'il parle le plus fortement en cette matiere, il ajoûte en
plus d'un endroit, que l'explication
qu'il donne à ces paroles de l'Apôtre,
Dieu veut que tous les hommes se sau-
vent, n'est pas l'unique qui y convien-
ne, comme il fait dans l'Epître à Vital
& dans son Enchiridion ; demandant
seulement qu'on demeure d'accord
avec luy, que la toute-puissante volonté de celuy qui a fait tout ce qu'il a
voulu au Ciel & sur la terre, n'est jamais frustrée de son effet au regard de
la prédestination ; c'est-à-dire, qu'infailliblement ceux qui sont prédestinez sont sauvez, & que ceux qui ne
sont pas prédestinez, ne sont pas sauvez. *Et quocunque alio modo intelligi,*
dum tamen credere non cogamur aliquid
omnipotentem Deum voluisse fieri, fac-
tumque non esse ; qui sine ullis ambigui-
tatibus, si in cælo & in terra, sicut &
veritas cantat, omnia quæcunque voluit
fecit, profectò facere noluit, quod non
fecit.

En effet, supposé le decret de la prédestination, personne ne doute que ces
conséquences ne soient infaillibles : tel

homme est prédestiné à la grace de la foy ; donc il croira : cet autre n'est pas prédestiné à la grace de la foy ; donc il ne croira pas. Tel homme est prédestiné à la gloire ; donc il se sauvera : cet autre n'est pas prédestiné à la gloire, donc il ne se sauvera pas. Mais dans l'execution de ce decret sont renfermées les bonnes œuvres des prédestinez, par lesquelles ils meriteront leur salut ; & dans celle de la reprobation des reprouvés sont renfermés leurs pechez, par lesquels ils meriteront leur damnation.

La seconde chose qu'il auroit dû remarquer dans les écrits de saint Augustin, c'est que ce Saint, lors même qu'il dispute contre les Pelagiens, mais sans entrer encore si avant dans la question de la prédestination, donne au passage de saint Paul le sens ordinaire, que Dieu veut sauver generalement tous les hommes. C'est dans le livre *de l'Esprit* *& de la lettre* qu'il addresse au Tribun Marcellin.

Il s'y propose cette question, sçavoir, quel est le principe de l'acte de volonté, par lequel nous croyons en Dieu. Si elle vient de la nature, dit-il, pour-

cap. 32.

» quoy n'est-elle pas en tous les hom-
» mes, veû qu'ils ont tous Dieu pour
» Auteur ? Si c'est un don de Dieu, la
» même difficulté revient, puisqu'il
» veut que tous les hommes se sauvent
» & qu'ils arrivent à la connoissance
» de la verité. *Si dono Dei etiam hoc,*
quare non omnibus, cùm omnes homines
velit salvos fieri, & ad agnitionem veri-
tatis venire ?

Il poursuit, & dit qu'en attribuant
cette volonté au libre arbitre, on ne
peut pas dire pour cela que l'homme
ait quelque chose qu'il n'ait pas reçu
de Dieu ; puisqu'il n'a point cette volonté, sans que Dieu le prévienne de sa
grace : *quando quidem vocante Deo sur-*
git de libero arbitrio. Puis il ajoûte, il
est vray que Dieu veut que tous les
hommes se sauvent, & qu'ils viennent
à la connoissance de la verité : mais il
le veut de telle maniere, qu'il ne leur
ôte pas leur libre arbitre, & selon qu'ils
en usent bien ou mal, ils seront jugez
avec justice : *vult autem Deus omnes*
homines salvos fieri, & ad agnitionem
veritatis venire : Non sic tamen ut iis
adimat liberum arbitrium, quo vel benè
vel malè utentes justissimè judicentur.

Ensuite il explique, comme nonobstant la resistance que les hommes font
à sa grace en ne voulant pas croire, la
volonté de Dieu n'est point frustrée de
son effet ; parce que s'ils y resistent, il
les punit. *Ita voluntas Dei semper in-*
victa est : vinceretur autem, si non inve-
niret quid de contemptoribus faceret ; aut
ullio modo possent evadere, quod de tali-
bus ille constituit. Par ou l'on voit encore comment se doit entendre cette
parole de l'Ecriture, que saint Augustin
employe quelquefois en parlant de la
predestination : *Omnia quæcumque vo-*
luit, fecit. Il conclut de la sorte : ainsi
nous ne détruisons point le libre arbitre ; mais en même tems nôtre ame
benit le Seigneur pour ses graces. *Ita*
nec liberum arbitrium tollimus, & bene-
dicit anima nostra Dominum non oblivif-
cens retributiones ejus.

Il est évident que saint Augustin en
cet endroit entend le passage de saint
Paul sans nulle restriction, & qu'il
étend à tous en general & sans nulle
exception, la volonté que Dieu a de
sauver les hommes : mais il le restreint,
ce passage, quand il parle de la volonté *predestinante* ; parce qu'en effet, ainsi

que je l'ai déja dit, cette volonté ne
regarde pas tous les hommes, mais
seulement les Elûs.

Cette distinction, qui fait parler
saint Augustin si diversement dans ses
ouvrages, n'a pas été inventée aprés
coup par les Theologiens modernes,
pour se tirer de l'embarras que leur
causoient les Novateurs, en leur citant
contre les dogmes Catholiques, quelques passages de ce Saint. On la
trouve clairement exprimée dans les
plus anciens & dans les veritables disciples du saint Docteur ; & c'étoit
dans leurs livres que l'Auteur du libelle devoit apprendre le veritable sens
de saint Augustin, plûtôt que de l'aller
chercher dans ces sources empoison-
nées, où il a pris celuy qu'il luy attribuë.

Saint Prosper s'étoit exprimé comme saint Augustin dans quelques uns
de ses ouvrages, & avoit restreint,
comme luy, aux prédestinez le passage de saint Paul. Mais aussi dans les
autres il explique sa pensée & celle de
son Maître, conformément à l'explication que j'en ai donnée : c'est-à-dire,
que selon luy, Dieu ne veut point que

tous les hommes soient sauvez, qu'il
ne le veut point de cette volonté prédestinante qui ne regarde que les Elûs ;
mais c'est toûjours sans préjudice du
sens naturel du passage de saint Paul,
au regard de tous les hommes. Voicy
comme il parle dans ses reponses aux
objections de Vincent.

Celuy-cy luy avoit objecté, qu'il *Object. 2.*
disoit que Dieu ne vouloit pas que tous
fussent sauvez, quoi que tous veuil-
lent l'être : *Quod Deus nolit omnes sal-*
vare, etiamsi omnes salvari velint.

Saint Prosper aprés s'être recrié
contre cette objection ; parce qu'elle
attribuë à Dieu une chose indigne de
sa bonté, ajoûte : mettant donc à «
part cette distinction (des prédestinez «
& des reprouvez) que la divine scien «
ce nous cache dans le secret de sa ju- «
stice, il faut croire tres-sincérement, «
& dire hautement, que Dieu veut que «
tous les hommes soient sauvez : puis- «
que l'Apôtre qui l'a ainsi prononcé, «
ordonne avec beaucoup de soin ce «
qu'on observe tres-pieusement dans «
toutes les Eglises, de prier pour tous «
les hommes, desquels ceux qui pé- «
rissent en grand nombre, c'est leur «

» faute ; ceux qui se sauvent, c'est par
» la grace de celuy qui les sauve. *Re-*
motâ ergo hac discretione quam divina
scientia intra secretum justitiæ suæ conti-
net, sinceriſſimè credendum atque profi-
tendum est, Deum velle ut omnes homi-
nes salvi fiant, si quidem Apostolus,
cujus ista sententia est.

Ne voila-t-il pas précisément ce que
j'ay dit, que le Decret de la prédestination ne regardant que le salut des
prédestinez, Dieu par cette volonté
ne veut sauver qu'eux ; mais que cela
n'empêche pas que suivant le sentiment de l'Apôtre, il n'ait une volonté
generale de sauver tous les hommes, &
qu'il ne soit vray qu'ils ne se perdent
que par leur faute.

Il parle de la même maniere en
d'autres endroits, & principalement
dans les réponses qu'il donne à de semblables objections, qui luy étoient faites encore dans les Gaules. *Rejecto ergo*
Ad Capitula
Gall.
cap. 8.
obscurarum turbine quæstionum ad reve-
lata nos gratiæ latitudinem conferamus,
dicamusque cum Apostolo, quòd Deus
velit omnes homines salvos fieri, & in
agnitionem veritatis venire ; & iterum
dicamus cum Apostolo, qui est salvator

omnium, maximè fidelium.

L'Auteur des deux livres de la Vocation des Gentils, soit que ce soit saint Prosper luy-même, soit que ce soit saint Leon Pape, soit quelque autre grand Zelateur & défenseur de la doctrine de saint Augustin, traite ce même sujet d'une maniere à ne laisser aucun doute sur ce que j'ai avancé, & prouvé jusqu'à present, touchant les divers sens, dont le passage de saint Paul devoit être entendu dans les principes de saint Augustin, selon qu'il parloit des prédestinez ou des autres qui ne le sont pas. Je me contente d'en rapporter seulement deux endroits, l'un du premier chapitre du premier livre, & l'autre du premier chapitre du second.

Voicy le premier endroit : On « demande, dit-il, si Dieu veut que « tous les hommes soient sauvez, & « parce que cela ne peut être nié, on « demande encore pourquoy la volon- « té du tout puissant n'est point accom- « pli ? *Quæritur enim utrùm velit Deus omnes homines salvos fieri ? Et quia negari hoc non potest, cur voluntas omnipotentis non impleatur, inquiritur.*

Lib. 1. de voccat. Gentium cap. 2.

»　L'autre passage : Il est clair, dit-il,
» qu'il y a trois points qu'il n'est point
» permis de nier. Le premier, que Dieu
» veut que tous les hommes se sauvent,
» & viennent à la connoissance de la
» verité. Le second, que personne n'ar-
» rive à la connoissance de la verité &
» au salut par ses propres merites, mais
» par le secours & par le moyen de la
» grace. Le troisiéme, que la profon-
» deur des jugemens de Dieu, n'est
» point penetrable à l'intelligence hu-
» maine, & qu'il ne faut point recher-
» cher pourquoy Dieu, qui veut que
» tous les hommes soient sauvez, ne les
» sauve pas neanmoins tous. *Tria esse
perspicuum est quibus in hac quæstione de-
bet inhæreri. Unum, quod profitendum
est, Deum velle omnes homines salvos
fieri, & in agnitionem veritatis venire.
Alterum, quod dubitandum non est ; ad
ipsam cognitionem veritatis & perceptio-
nis salutis, non suis quempiam meritis, sed
ope atque opere divinæ gratiæ pervenire.
Tertium, quod confitendum est, altitudi-
nem judiciorum Dei humanæ intelligen-
tiæ penetrabilem esse non posse ; & cur non
omnes salvet qui omnes vult salvos fieri,
non oportere disquiri.* Et dans tout l'ou-

rage il fait mention des diverses manieres dont Dieu use envers les prédestinez & les reprouvez pour l'execution de cette volonté préd stinante,
qui ne regarde que les premiers, & de
cette volonté generale & conditionnelle qui regarde les seconds.

En un mot, on voit par tout ce que
j'ai dit. Premierement, que saint Augustin & ses premiers disciples avoient
beaucoup de peine à concilier ces deux
differentes volontez de Dieu ; parce
qu'en effet c'est une chose où l'esprit
humain se perd ; mais on voit en même tems qu'ils reconnoissoient l'une &
l'autre. Secondement, que comme les
Pelagiens & les Semipelagiens s'efforçoient de leur côté à faire dépendre la
foy & le salut de la volonté de l'homme, saint Augustin & ses disciples au
contraire faisoient tous leurs efforts,
pour faire comprendre qu'il falloit attribuër l'une & l'autre à la volonté de
Dieu : & c'est sur cette reflexion essentielle qu'il faut modifier leurs expressions, qui pourroient quelquefois paroître un peu trop fortes, & les expliquer de la maniere que je viens de
marquer par leurs propres passages : &

ʀon pas donner aux heretiques l'avantage d'avoir saint Augustin dans leur
parti, parce qu'effectivement il n'y est
pas.

Justification de S. Augustin touchant le dogme de la mort de Jesus-Christ pour tous les hommes.

Es deux dogmes de la volonté que Dieu a de sauver tous les hommes, & de la mort de JESUS-CHRIST pour eux tous, ont tant de liaison l'un avec l'autre, que qui tient l'un, tient l'autre, qui nie l'un, nie l'autre, & que d'avoir disculpé saint Augustin sur l'un des deux, c'est l'a-voir disculpé sur tous les deux. Je ne laisserai pas néanmoins de traiter en-core de ce point separément : & ce que j'en dirai sera une nouvelle confirma-tion de ce que j'ay déja dit sous le titre precedent.

Je n'ai icy que deux choses à faire. Premierement de montrer que saint Augustin en plusieurs endroits de ses ouvrages a dit expressement, ou suppo-sé visiblement, que JESUS-CHRIST

étoit

étoit mort generalement pour tous les hommes : secondement, d'expliquer pour quelle raison & en quel sens il a parlé autrement ailleurs.

Pour ce qui est du premier article, je pourrois rapporter une infinité d'endroits de tous ses livres. Mais je me borne à quelques-uns que je tirerai des œuvres qu'il composa depuis qu'il fut Evêque, & depuis ses deux livres à Simplicien, dans lesquels il nous avertit luy-même qu'il commença à parler avec plus de précaution que jamais de la prédestination & de la grace.

Lib. de Praed. SS. cap. 4.

Voicy comme il s'explique sur le Pseaume 95. à l'occasion de ces paroles, *Judicabit orbem terrarum in aquitate.* Il ne jugera pas seulement une partie du monde, parce qu'il n'en a pas racheté seulement une partie : il le doit juger tout entier, parce qu'il l'a racheté tout entier. *Non partem, quia non partem emit : totum judicare habet, quia pro toto pretium dedit.*

Au livre 20. de la Cité de Dieu, employant ces paroles de saint Paul dans la seconde Epitre aux Corinthiens, *Quoniam si pro omnibus mortuus est, ergo omnes mortui sunt.* Tous les hom-

Lib. 20. de Civit. Dei cap. 6.

» mes donc, dit-il, sont morts sans en
» excepter un seul, & ils sont morts,
» soit par le peché originel, soit par
» leurs propres pechez ; & pour tous
» ces morts un seul qui étoit vivant,
» c'est-à-dire, qui n'avoit aucun pe-
» ché, est mort. *Et pro omnibus mortuis*
vivus mortuus est unus, id est, nullum ha-
bens omnino peccatum.

Il pousse ce même raisonnement de
l'Apôtre, contre Julien, au second livre *de l'Ouvrage imparfait.* Tirez-
» vous de là, si vous pouvez, luy dit-
» il : *hinc te exime, si potes.* . . . . . La
» mort a passé avec le peché dans tous
» ceux qui sont morts, par celuy dans
» lequel tous sont morts : de ce nombre
» sont les enfans, parce que Jesus-
» Christ est mort pour eux : Car
» dés-là que tous sont morts, il est
» mort pour tous : *qui propterea pro*
omnibus mortuus est, quia omnes mortui
sunt.

Il fait valoir encore cet argument de
saint Paul dans un autre ouvrage contre le même Julien.

» Dans un seul tous sont morts, afin
» qu'un seul mourût pour tous : car un
» seul est mort pour tous ; donc tous

ceux pour lesquels JESUS-CHRIST «
est mort, sont morts.... si un est «
mort pour tous, donc tous sont morts. «
M'entendez-vous, Julien ? car ces «
paroles ne sont pas de moy, elles sont «
de l'Apôtre. «

Sur le Pseaume soixante-huitiéme,
en parlant de Judas. Ce mal-heureux
ne connut pas le prix par lequel il avoit
été luy-même racheté : *Nec agnovit
pretium quo ipse à Domino redemptus
fuerat.* Certainement si JESUS-
CHRIST est mort pour Judas, selon
saint Augustin, il est mort pour les réprouvez.

Joignons à saint Augustin un de ses
disciples, c'est l'Auteur des livres de
la Vocation des Gentils, qui prouve
expressément cette these dans un Cha-
pitre dont le titre est : *Quòd Christus* *Lib. 1. cap. 16.*
pro omnibus impiis mortuus fuerit.

Il commence le chapitre en ces termes : Il n'y a donc nulle raison de «
douter que JESUS-CHRIST nô- «
tre Seigneur ne soit mort pour les «
impies & les pecheurs, du nombre «
desquels, si on en excepte un seul, «
JESUS-CHRIST n'est point mort «
pour tous : mais il est certain qu'il est «

mort pour tous. *Nulla igitur ratio dubi-*
tandi est Jesum Christum Dominum no-
strum pro impiis & peccatoribus mortuum,
à quorum numero si liber inventus est, non
est pro omnibus mortuus Christus : sed
prorsus pro omnibus mortuus est Christus.

Aprés avoir rapporté des passages
aussi formels que ceux-là , pour montrer le sentiment de saint Augustin touchant la mort de Jesus-Christ
pour tous les hommes , sans exception,
passages tels , que l'Auteur du libelle
n'en auroit pu tirer de plus forts des
Peres des quatre premiers siecles. Je
passe à la seconde chose que je me suis
proposée , qui est d'expliquer en quel
sens il faut entendre le saint Docteur en
certains endroits , où il s'est exprimé
autrement.

Ces deux passages de saint Paul ,
que Dieu veut sauver tous les hommes,
& que Jesus-Christ est mort
pour tous , reviennent à la même chose ainsi que je l'ai déja remarqué , &
les difficultez qu'on trouve dans saint
Augustin au regard de l'un , doivent
se resoudre par les mêmes principes
que celles que l'on fait au regard de
l'autre. La mort de Jesus-Christ,

n'a été que l'execution de la volonté
que Dieu a euë de sauver les hommes.
Ainsi quand on le voit tantôt dire que
Jesuv-Christ est mort pour tous
les hommes, sans exception, & tantôt sembler dire qu'il n'est mort que
pour les seuls prédestinez, il est aisé
de le concilier avec luy-même.

Il est mort pour tous les hommes, en
vertu de cette volonté generale que
Dieu a de les sauver tous, s'ils veulent
s'appliquer les merites de sa passion :
il est mort pour les seuls prédestinez,
eu égard à cette volonté prédestinante
qui leur applique efficacement à eux
seuls les merites de sa passion.

C'est le premier sens que saint Augustin explique tres-distinctement dans
un de ses traitez sur saint Jean. Dieu, « *Tract.* 12. *in*
dit-il, n'a point envoyé son fils au « *Joann.*
monde pour juger le monde ; mais «
afin que le monde soit sauvé par luy. «
Donc autant qu'il a été en luy il est «
venu guerir le malade. Ce malade se «
tuë luy-même, s'il ne veut pas obser- «
ver les ordonnances de son Medecin. «
Il est venu au monde en qualité de «
Sauveur. Pourquoy l'appelle-t-on «
le Sauveur du monde, s'il n'est venu «

» pour le sauver & non pas pour le
» condamner ? Vous ne voulez pas
» qu'il vous sauve, ce sera vôtre faute
» s'il vous condamne. *Non enim misit*
Deus Filium suum in mundum ut judicet
mundum, sed ut salvetur mundus per
ipsum. Ergo quantum in medico est sa-
nare venit ægrotum. Ipse se interimit,
qui præcepta Medici observare non vult.
Venit Salvator in mundum. Quare sal-
vator dictus est mundi, nisi ut salvet
mundum, non ut judicet mundum? Sal-
vari non vis ab ipso; ex te judicaberis.

in Psal. 101.   C'est dans cette même pensée qu'il
» dit autre part. Il vous guerira, mais
» il faut que vous vouliez être gueri.
» *Sanabit te, opus est ut sanari velis.* Il
» guerit toutes sortes de malades, mais
» il ne guerit personne malgré luy. *Sa-*
» *nat omnino ille quemlibet languidum;*
» *sed non sanat invitum.*

   Saint Prosper rassemble les deux
sens dans sa reponse aux objections
faites par les Docteurs des Gaules:
» Comme donc, dit-il, on parle tres-
» bien, lorsqu'on dit que le Sauveur
» a été crucifié pour la Redemption de
» tout le monde, à cause qu'il a pris nô-
» tre nature, & à cause que nous étions

rous perdus par le peché de nôtre pre- «
mier Pere ; on peut cependant dire «
qu'il a été crucifié seulement pour «
ceux qui ont profité de sa mort. *Cùm* «
itaque rectissimè dicatur salvator pro to-
tius mundi redemptione crucifixus propter
veram humanæ naturæ susceptionem , &
propter communem in primo homine om-
nium perditionem , potest tamen dici pro
his tantùm crucifixus quibus mors ipsius
profuit.

Je pourrois avec autant de facilité
rendre raison de quelques autres propositions , sur lesquelles le nouvel adversaire de saint Augustin l'accuse de
nouveauté : mais comme celles dont je
viens de traiter, sont les deux capitales,
d'où les autres dépendent , il est aisé
de les y reduire : je ne laisserai pas
neanmoins d'en toucher encore quelques-unes dans la suite. Outre qu'on
peut voir sur cela les ouvrages de saint
Prosper , & sur tout ceux qui sont in-
titulez. *Responsiones ad capitula Gallo-*
rum , Ad objectiones Vincentianas , ad
excerpta Genuensium , les deux livres
de vocatione Gentium : Car ces propositions, ou plûtôt ces blasphêmes, comme les appelle ce saint défenseur de

saint Augustin, ont été pour la plûpart tirées par l'Auteur du libelle, des
objections contenuës & refutées dans
les ouvrages que je viens de nommer,
où saint Prosper a eu le même but que
j'ay eu icy de disculper saint Augustin
contre de telles calomnies, par lesquelles on le vouloit faire passer pour Novateur ; & c'est le bel exemple que cet
hardi écrivain s'est proposé dans son
livre.

Je croy avoir détruit suffisamment
par tout ce que j'ai dit, cette scanda-
leuse chimere ; & avoir bien prouvé
que saint Augustin ne s'est point écarté de la Tradition de l'Eglise des qua-
tres premiers siecles : & que si les adversaires qu'il attaquoit, l'ont déterminé à parler quelquefois autrement
que les Peres ses prédecesseurs, il n'a
jamais pensé autrement qu'eux sur les
choses de la foy, dont il étoit question ;
je veux dire, sur le libre arbitre, sur
la necessité de pecher, sur la grace,
sur la volonté de Dieu de sauver tous
les hommes, & sur la mort de Jesus-
Christ pour la redemption de tout
le monde.

Au reste j'ay défendu saint Augustin

non-

non seulement par ses propres écrits,
mais encore par les écrits de ses premiers disciples, qui ont crû le bien
défendre en expliquant, comme j'ay
fait, les diverses propositions dont on
l'accusoit; & je pretens, comme eux,
qu'en le justifiant ainsi, je n'ai point
crû m'écarter de ses veritables sentimens; c'est pourquoy je puis finir ce
chapitre par la protestation que saint
Prosper fait dans sa Preface des *répon-*
ses aux objections des Prêtres des Gaules,
sçavoir, qu'en tout ce que j'ai dit pour
disculper le saint Docteur, je n'ay fait
que rapporter sa doctrine toute pure.
In nullo recedens à tramite earum defini- *Præfatio in*
tionum, quæ in sancti viri disputationi- *responsiones ad*
bus continentur : ut facilè vel tenuis dili- *Capit. Gall.*
gentia advertat inspector, quam injustis
opprobriis Catholici Prædicatoris memo-
ria carpatur.

Je me propose encore de faire voir
deux choses dans le chapitre suivant.
La premiere seront quelques bévuës ou
ignorances de l'Auteur dans les matieres qu'il traite dans son ouvrage. La
seconde sera l'injustice du procedé, dont
il use dans le procés qu'il a osé intenter à saint Augustin : & pour la faire

R

mieux sentir, je le suivrai autant qu'il
sera necessaire, dans le reste de sa prétenduë veritable tradition sur la prédestination & la grace.

CHAPITRE IV.

Bévûës de l'Auteur du libelle, & son injuste procedé à l'égard de saint Augustin.

L'Air décisif que prend cet Auteur
dans tout son livre, feroit croire
d'abord que c'est un Theologien profond, & pour qui la Theologie n'a
aucun mystere caché, ni l'histoire Ecclesiastique rien qui luy ait échappé sur
les sujets dont il traite : mais il s'en faut
bien que la lecture de son ouvrage
m'en ait donné cette idée. J'y ai trouvé au contraire un homme qui parloit
en novice, sur les dogmes les plus
communs de la Theologie, qui met au
nombre des erreurs ce qui est reconnu
pour tres-Catholique par tous les
Theologiens ; duquel les idées sont
tres-confuses sur les points qui ont été

le plus exactement débroüillez dans
l'Ecole, & qui fait beaucoup de fautes
en matiere d'histoire. C'est ce que je
vas montrer dans l'article suivant, &
ce qui fera connoître combien c'est à
tort, qu'un tel homme s'est erigé en Juge de la doctrine d'un Docteur de l'E-
glise tel que saint Augustin.

ARTICLE I.

Bévuës de l'Auteur repanduës dans tout son livre.

PRemierement il cite Origene
comme un temoin de la Tradition *Pag. 25.*
contraire à la doctrine de saint Augustin, sans avoir fait reflexion, ou
peut-être sans avoir sçu que saint Jerôme a regardé Origene comme l'Auteur de l'heresie Pelagienne ; & sur cela il ne peut pas récuser saint Jerôme,
puisque luy-même se sert de son témoignage pour la Tradition contre
saint Augustin. Voicy donc comme
saint Jerôme traitant de l'heresie Pelagienne, s'en explique par rapport à
Origene. C'est dans sa quatriéme Preface sur Jeremie. J'étois, dit-il, oc-

cupé à mes Commentaires sur Jeremie. . . . . Lors que tout-à-coup l'heresie de l'impaffibilité, (c'eft à-dire,
»de l'exemption de toute paffion) &
»de l'impeccabilité qui avoit été de-
» puis long-tems étouffée par la con-
»damnation d'Origene. . . . . a com-
» mencé à renaître. Cet homme n'a-
t-il pas bonne grace de citer pour temoin de la veritable Tradition celuy-
là même, qui avoit corrompu la doctrine de l'Eglife, dans les points mêmes,
dont il s'agit?

Mais en fecond lieu, fait-il paroître
plus de difcernement, & moins d'i-
gnorance dans la lecture des Peres,
en citant faint Jerôme pour la Tradition prétenduë contraire à faint
Augustin. Quiconque a lû ces deux
Peres ne peut ignorer qu'ils ont con-
jointement & de concert combattu les
Pelagiens pendant plufieurs années, &
en particulier fur la neceffité de pecher,
ainfi que je l'ai montré dans le premier chapitre de cet ouvrage: Cependant c'eft là un des principaux points
que le nouveau Docteur met au nombre des erreurs de faint Augustin. De
forte que fi faint Jerôme étoit d'un

sentiment contraire, il faut dire qu'il se servoit de luy comme de second dans le tems qu'il étoit, selon nôtre Auteur, dans un parti opposé au sien.

Bien plus, l'un & l'autre se servoient des mêmes passages de l'Ecriture & des plus propres à établir ces dogmes prétendus si dangereux de saint Augustin touchant la prédestination, touchant la puissance de la grace, touchant le libre arbitre. Car si nôtre Docteur avoit lû la lettre de saint Jerôme à Ctesiphon, il auroit vû ce saint Pere employer contre Pelage les passages suivans : *Quid habes quòd non accepisti ? Si autem accepisti, quid gloriaris, quasi non acceperis ? Non est volentis neque currentis, sed miserentis Dei : Deus est qui operatur in nobis velle & perficere : Non est in homine via ejus, & à Domino gressus hominis diriguntur : Jacob dilexi, Esaü autem odio habui.*

Saint Jerôme reproche dans la même lettre aux Pelagiens, comme faisoit saint Augustin, qu'ils disputoient sur le libre arbitre comme des Philosophes, & non pas comme des Chrêtiens & des disciples des Apôtres : & ce qui est remarquable, c'est que les Pelagiens accusoient saint Jerôme de Manichéisme, comme ils en accusérent depuis saint Augustin : c'est qu'ils luy faisoient la même calomnie, en disant qu'il détruisoit le libre arbitre, & que saint Jerôme leur répondoit comme saint Augustin en ces termes : *Frustra blasphemas, & ignorantiam auribus ingeris nos liberum arbitrium condemnare : damnetur ille qui damnat..... Sed liberum arbitrium Dei nititur auxilio, ipsiusque ope per omnia indiget.* Il faut donc que nôtre Auteur reçoive sur cet article la déposition des Pelagiens contre saint Jerôme, puisqu'il veut bien la recevoir contre saint Augustin. Il faut qu'il l'efface de la liste de sa prétenduë Tradition : & qu'il luy fasse son procés comme il l'a fait à saint Augustin.

Enfin si cet Auteur avoit pris la peine de lire les Dialogues de saint Jerôme contre les Pelagiens, il auroit vû encore premierement la plûpart des choses que je viens de dire. Secondement il auroit vû sur la fin du troisiéme Dialogue que saint Jerôme, bien loin de croire que saint Augustin avançoit des erreurs en disputant contre les

Pelagiens, il le cite avec honneur, &
dit qu'il se retire du combat pour luy
en laisser toute la gloire. *Unde super-*
sedendum huic labori censeo, ne dicatur
mihi illud Horatii : In sylvam ne ligna
feras, aut enim eadem diceremus ex su-
perfluo, aut si nova voluerimus dicere
à clarissimo ingenio occupata sunt me-
liora.

Et il ne parloit pas ainsi sans connoissance de cause. Car il écrivoit ses
Dialogues en l'an 415. avant lequel
saint Augustin avoit composé déja plusieurs écrits contre les Pelagiens. Saint
Jerôme cite dans cet endroit les livres
que saint Augustin avoit addressez sur
le Pelagianisme au Tribun Marcellin,
c'est à-dire, les livres *des merites &*
de la remission des pechez, celuy de
l'Esprit & de la lettre, celuy qu'il avoit
écrit au Moine Hilaire.

C'est cependant dans ces livres que
sont fortement enseignées ces erreurs
& ces nouveautez pretenduës, que l'Auteur attribuë à saint Augustin, & ausquelles saint Jerôme, qu'il luy oppose comme temoin de la Tradition contraire, donne une si solennelle approbation.

Il en donna encore une pareille à
ceux que saint Augustin composa contre les Pelagiens, jusqu'à l'an 419. car
dans une lettre qu'il luy écrivit & à
l'Evêque Alipe, & qu'on croit avoir
été la derniere qu'il ait écrite, il leur
» parle en ces termes. Toute occasion
» qui se presente d'écrire à vôtre Re-
» verence m'est tres-agreable. Dieu
» m'est temoin que si je pouvois pren-
» dre les aîles de la colombe, j'irois
» vous embrasser. Le merite de vos
» vertus m'a toûjours inspiré ce desir ;
» mais il est plus vif que jamais, par-
» ce que par vôtre moyen l'heresie Ce-
» lestienne à reçu le coup de la mort.

Peut-on avoir une preuve plus clai-
re de l'insigne temerité de l'écrivain
moderne, ou une marque plus visible
de son peu d'habilité dans la matiere
dont-il s'agit ?

Que l'Auteur entre les erreurs qu'il attribuë à saint Augustin, met des dogmes & des expressions reconnuës pour tres-Catholiques par tous les Theologiens.

SI cet Autheur vient a bout de faire condamner saint Augustin d'herefie, nous allons voir non-seulement renouveller les anathémes de l'Eglise, contre Calvin, Luther & Janfenius, qui selon luy n'ont fait que copier saint Augustin ; mais encore nous verrons l'Eglife condamner tous les Theologiens Catholiques ; plufieurs d'entre eux ayant adopté un grand nombre des maximes que le libelle condamne, & les autres n'y reconnoiffant aucune erreur.

En effet une partie de cette doctrine qui parut, selon nôtre Auteur, *toute étrange & toute nouvelle*, est aujourd'hui enfeignée dans les Ecoles les plus Catholiques. Car parmi d'autres propofitions, qui selon qu'il les exprime, feroient infoûtenables, il mefle celles-cy.

pag. 30.

» Que Dieu appelle les prédestinés
» par une vocation particuliere, qui
» ne manque point d'avoir son effet ;
» qu'il leur procure le Baptême ; qu'il
» leur envoye des prédicateurs pour
» leur prêcher l'Evangile ; qu'il les fait
» croire & perseverer dans la foy juf-
» qu'à la fin de leur vie ; qu'il prepare
» & qu'il fortifie leur volonté ; qu'il
» leur donne non seulement le pouvoir
» de perseverer, mais la perseverance
» même.

Cette doctrine, dis-je, est reçuë &
soutenuë aujourd'huy dans les Ecoles
Catholiques. Elle n'y est traitée ni *d'é-
trange* ni de *nouvelle.* Et il n'y a même
personne qui ne doive être surpris &
scandalisé de la voir qualifiée de la sorte par un homme qui parle par tout
en Docteur, & s'érige en juge de la
foy de saint Augustin.

Aprés tout, la surprise des lecteurs
sera moins grande, quand ils arrive-
ront à cet endroit du livre ; parce qu'ils
auront été préparez à de semblables
paradoxes par un autre, qu'ils auront
vû auparavant ; sçavoir que la doctrine de la Tradition & de la foy est *que
nous devons meriter nôtre prédestination.*

pag. 8.

D'autant que, selon l'Auteur, les Apôtres & ceux qui ont eu communication
avec eux, l'on crû ainsi ; & c'est sur
cela principalement que j'ai dit que
cet écrivain parloit en novice sur les
dogmes les plus communs de la Theologie, & que ses idées sont tres-confuses sur les points qui ont été le plus
exactement débroüillez.

Car s'il entend par le mot de *prédestination*, le salut, il est clair que selon
la foy nous devons le meriter : mais
l'entendre ainsi, c'est l'entendre tres-
mal. Car le salut c'est le terme de la
prédestination, & non pas la prédestination même : parce que selon tous les
Theologiens & tous les Peres, la prédestination est un Decret, ou du moins
renferme un Decret de la volonté de
Dieu, par lequel il nous destine la
gloire ; & c'est ce decret qu'on appelle
du nom de *prédestination* ; parce que ce
mot comprend dans son idée une volonté de Dieu, par laquelle il nous destine la gloire de toute éternité, &
avant tous les tems ; & par laquelle il
la destine à ses élus préferablement aux
autres : & ce sont les deux sens que
tous les Theologiens donnent à la par-

ticule latine *Præ*, laquelle signifie ou la préference ou l'éternité qui précede tous les tems.

Que si par le mot de *Prédestination*, il entend le Decret par lequel Dieu nous destine la gloire ; il parle encore tres-mal, en disant qu'il est de foy que nous devons meriter nôtre prédestination. Et pour bien entendre cecy, il faut supposer qu'il y a deux opinions dans la Theologie Catholique.

La premiere, que Dieu forme ce Decret avant la prévision des merites, par lesquels les Elûs obtiennent le salut éternel ; en sorte que leurs merites ne sont point la cause pour laquelle Dieu les choisit ; mais c'est sa pure bonté & sa pure misericorde, qui ensuite de ce Decret leur ménage des graces efficaces, par lesquelles il sçait bien qu'ils parviendront infailliblement au salut. Et ce Decret n'empêche point qu'ils ne meritent le salut par leurs bonnes œuvres & par leur liberté ; parce que les graces qu'il leur donne, ne la leur ôtent point : de sorte que Dieu en vertu de ce Decret veut avant la prévision de leurs mérites qu'ils obtiennent le salut ; mais cependant il veut qu'ils l'obtiennent

par leurs merites ; & pour le leur faire
meriter, il leur procure des graces telles qu'elles les y conduiront infailliblement. C'est ce que saint Augustin a
tres-bien exprimé dans ses livres à Simplicien en ces termes : *Sic vocat quomo-*
do scit congruere ut vocantem non res-
uat : Il appelle, il conduit ses Elûs
d'une maniere si convenable, qu'ils ne
resisteront pas à ses graces.

L'autre opinion de la Theologie
Catholique est que Dieu n'a fait son
Decret de prédestination pour les
Elûs, qu'ensuite de la prévision qu'il
a euë qu'ils obéiront à ses graces ,
& meriteront par là le salut : & en ce
sens on peut dire qu'ils meritent leur
prédestination, parce que Dieu ne fait
son Decret de leur donner le salut,
qu'en vuë de leurs merites produits
par sa grace ; mais ni l'une ni l'autre
de ces deux opinions ne furent jamais articles de foy , & ne passent
point pour articles de foy parmy les
Catholiques, quoiqu'en dise nôtre Autheur.

Ces differentes idées à la verité ont
leur fondement sur des passages de l'E-
criture. Ceux qui tiennent la premiere

se fondent sur cette election, *secundùm propositum*, dont il est parlé dans saint Paul. Ceux qui tiennent la seconde s'appuyent principalement sur ces pa-roles de saint Pierre, *Satagite ut per bona opera certam vestram vocationem & electionem faciatis.* Ces deux opinions sont des consequences que chacun tire de ces differens passages ; mais qui ne sont nullement de la foy pour cela : parce que les uns & les autres repondent avec probabilité à ce qui leur est objecté là-dessus.

Mais il y a encore une reflexion à faire sur la seconde opinion ; c'est que ceux qui la suivent, demeurent d'accord que Dieu connoissant par sa science infinie toutes les differentes routes, par lesquelles il peut conduire en ce monde chaque homme en particulier, & connoissant de plus où aboutiront ces routes, les unes au salut, par la correspondance fidelle que tel homme aura pour ses graces, s'il le met dans une de ces routes, les autres à la damnation par la resistance qu'il fera à ses graces, s'il le met dans une autre route ; il depend de luy de choisir pour cet homme telle ou telle route, dans laquelle l'homme

Epist. 2. Petri cap. 2.

meritera par sa fidelité son salut, ou sa
damnation par son infidelité. Si Dieu
choisit celle qui le conduira au salut,
c'est un pur effet de sa bonté & de sa
misericorde. S'il choisit celle où cet
homme se perdra, quoique par sa faute, c'est un effet de sa providence dont
il ne nous est pas permis de penetrer le
mystere. *O altitudo sapientiæ & scientiæ Dei!* Mais ce qui resulte necessairement de là, ainsi que je l'ai déja remarqué en un autre endroit, c'est que
nôtre prédestination a toûjours sa premiere source dans la volonté absoluë,
dans la bonté, dans la misericorde de
Dieu, dans ce Decret purement gratuit, par lequel il choisit cet ordre de
providence au bout duquel se trouve
la perseverance finale & le salut : &
tous les Theologiens conviennent de
ce premier Decret gratuit, à l'occasion
duquel je raconterai en passant ce qui
m'arriva après avoir écrit mes lettres
au R. P. Alexandre.

Un homme de merite, de naissance, de capacité & qui est en place, me
fit compliment sur ce que mes lettres
étoient bien reçues & goutées : mais il
m'ajoûta qu'on disoit, que j'y debitois

une doctrine qui m'étoit particuliere ,
& qui n'étoit pas celle de la Compagnie , dont je fuis. Je luy repondis que
j'étois furpris de ce qu'il me difoit,
veu que j'avois appris ma Theologie
dans nos Auteurs , & que je croyois
les avoir fuivis dans mes lettres. Je luy
demandai en quoy particulierement on
difoit que je m'étois écarté de la doctrine ordinaire des Jefuites : il me re-
partit que c'étoit en parlant de la pré-
deftination , & en particulier fur ce que
je difois , que le decret par lequel Dieu
choifit pour un predeftiné , un certain
ordre de providence , au bout duquel
fe trouve la grace de la perfeverance
finale, & enfuite le falut , étoit parfaitement gratuit , & un pur effet de la
volonté abfoluë & de la mifericorde
de Dieu.

Cette objection me fit fourire. Vou-
lez-vous , luy dis-je , vous en rapporter à Molina ? Molina me repartit-il ,
eft en ce genre un Docteur Claffique. Je
luy ouvris fur le champ le livre de ce
Theologien , & je luy fis voir en trois
endroits differens qu'il établiffoit tres-
nettement & démonftrativement ce
Decret gratuit : furquoy nous conclu-
mes

mes ensemble , que pour la doctrine des Jesuites il ne faut jamais s'en rapporter ni aux Jansenistes ni aux Thomistes , qui faute de la sçavoir , ou par quelqu'autre raison, se sont mis en possession depuis long-tems de la défigurer dans leurs écrits , tant pour la Morale que pour les dogmes. Je reviens aux Theologiens qui m'ont donné lieu de faire cette digression.

Les Theologiens nonobstant ce Decret parfaitement gratuit , disputent entre eux , sçavoir si la prédestination est avant ou aprés les merites , & peutêtre que plusieurs sur cela ne disputent que des mots. Car les uns attachamt le nom de prédestination à ce decret purement gratuit & indépendant des merites prévûs , par lequel Dieu choisit cet ordre de providence qui me conduit infailliblement au salut , disent que la prédestination à la gloire , est avant la prévision des merites, & qu'elle en est indépendante : & cela est tres-vray.

Les autres donnant le nom de prédestination au Decret, par lequel Dieu veut me donner le salut en recompens de la fidelité qu'il prévoit que j'au-

rai dans cette voye, qu'il a eu la bonté de me destiner, disent que la prédestination à la gloire est aprés la prévision des merites ; & on peut dire, si
on suit le sens & la pensée de ces Theologiens, que nous meritons nôtre prédestination à la gloire : Mais il sera
toûjours également faux que cette proposition soit de la foy, comme le prétend nôtre Auteur tres-mal à-propos.
Et quoy qu'il soit de la foy que les adultes meritent leur salut, ce sera toûjours
une question problematique entre ces
Theologiens dont je parle, sçavoir si
nôtre prédestination à la gloire dépend
de nos merites ou non, surquoy on
tiendra la negative ou l'affirmative,
selon les differentes notions que chacun
se fera de la prédestination.

Ainsi l'Auteur s'est fort mal acquité
de la promesse qu'il avoit faite dans sa
Preface, de faire le discernement de
l'erreur d'avec le dogme de foy sur cette matiere. Personne ne l'a jamais traitée avec plus de confusion qu'il a fait ;
& on n'en a jamais parlé d'une maniere moins juste, moins capable d'instruire, avec moins de discernement & plus
de temerité.

C'est la même confusion de ses idées qui luy a fait regarder comme une erreur, le systeme de saint Augustin sur la prédestination. Pour le regard de « la prédestination, dit-il, les uns, « comme saint Augustin & ceux de son « parti, veulent qu'elle soit purement « gratuite, de telle sorte que nos bon- « nes œuvres n'y contribuent en rien. « Car cette notion ne luy paroît mon- strueuse, que parce qu'il confond toû- jours le salut avec la prédestination. Ce seroit une heresie de dire que les bonnes œuvres ne contribuent en rien au salut : mais ce n'en est pas une de croire que le Decret de la prédestina- tion est indépendant des bonnes œu- vres. Saint Augustin a toûjours com- battu la premiere proposition, & il a enseigné la seconde. Ce seroit même une heresie de dire que la prédestina- tion à la grace est dépendante des bon- nes œuvres, & qu'elle se peut meriter: mais au regard de la prédestination à la gloire, on peut dire l'un ou l'autre sans consequence pour la foy.

C'est encore faute d'avoir fait cette distinction des deux prédestinations, de la prédestination à la grace, & de la prédestination à la gloire : & d'avoir bien entendu le sens de saint Augustin sur la difference qu'il met entre le libre arbitre de l'homme dans l'état de la nature corrompuë, & dans l'état de la nature innocente ; c'est, dis-je, faute de cela que l'Auteur regarde comme opposez le sentiment de saint Augustin, & celuy des Theologiens Catholiques sur l'operation de la grace au regard du libre arbitre. Car quand ce saint Docteur nie si fortement que la grace dépende du libre arbitre, il attaque le dogme des Semipelagiens qui faisoient le libre arbitre auteur de la prédestination à la grace, & vouloient que la volonté de Dieu de donner la grace, dépendît au moins de quelque mouvement du libre arbitre pour la meriter ; dogme heretique que saint Augustin refute, en montrant par l'Ecriture qu'il est faux que la grace dépende du libre arbitre ; & que dés-là qu'elle est grace, elle est gratuite & non point donnée au merite ; & que selon l'expression de saint Paul, elle cesseroit d'être grace si elle étoit donnée au merite.

Il ne s'agit là nullement de la co-

operation du libre arbitre à la grace ;
mais de la prédeſtination à la premiere grace & de la vocation à la foy,
choſe qui ne dépend pas du libre arbitre. Car quant à ce qui concerne la
cooperation à la grace, j'ai montré
par une infinité de paſſages de ſaint
Auguſtin, qu'il a reconnu cette cooperation dépendante du libre arbitre, en même tems qu'il montroit la
puiſſance de cette grace ſur le libre
arbitre même.

L'Autheur a encore confondu, à
l'exemple des Calviniſtes, le don de
perſeverance pris ſelon toute ſon é-
tenduë, avec les graces actuelles que
ce don renferme ; pour nous perſua-
der que ſaint Auguſtin a enſeigné le
dogme heretique de la grace néceſſi-
tante : mais je croy avoir développé
aſſez clairement ce point par les ré-
flexions que j'ay faites ſur l'endroit
que j'ay traduit du livre *de la corre-*
ction & de la grace.

Je paſſe ſous ſilence pluſieurs pro-
poſitions qu'il attribuë fauſſement à
ſaint Auguſtin. Mais je ne dois pas
diſſimuler, qu'il en avance d'autres
qui ſont purement Pelagiennes ou Se-

mipelagiennes prifes felon leurs termes & leur fens naturel : telles font
celles-cy.

Pag. 10. Que l'homme eft maître de fa volonté : c'eft celle de Pelage que faint
Jerôme rapporte dans fes Dialogues ,
omnes propriâ voluntate regi , & qui
fut déferée au Concile de Paleftine
comme heretique.

Pag. 27. Que nous fommes difcernez par
nos merites , qu'il eft en nôtre pouvoir de croire ou de ne pas croire ;
propofitions qu'il adopte , quoyque
faites par les Semipelagiens qui en les
faifant , parloient de la premiere grace.

On peut mettre de ce nombre plufieurs de celles que Profper & Hilaire rapportent dans leurs lettres à
faint Auguftin avancées par les Semipelagiens & dans le fens Semipe-
lagien , & dont nôtre Autheur fe fert
pour montrer que faint Auguftin s'é-
cartoit de la Tradition.

Enfin dans les paffages qu'il cite
pour prouver que la Tradition des
quatre premiers fiécles eft contraire
à faint Auguftin , il a fait un fi mauvais choix , que quelques-uns de ceux

qu'il rapporte, peuvent servir à montrer que la doctrine de Pelage & des
Semipelagiens étoit celle de la Tradition. Telle est celle qu'il cite fauf-
fement de saint Denys : *Que Dieu* ^{Pag. 115}
exerce sa bonté sur les hommes avec la
même indifference, que le Soleil répand
sa lumiere sur les corps, sans faire ni
de choix, ni de préference.

Celle qu'il prétend être de saint
Clement : *Qu'il est dans la puissance*
des hommes de se tourner de quel côté
il leur plaît, & de choisir la voye
qu'ils desirent. Celle qu'il tire de saint
Hilaire : *Que Dieu accorde à un cha-*
cun la liberté de vivre comme il luy
plaît; parce qu'il veut que nous meri-
tions l'éternité de nôtre propre fond.

Je sçay bien que ces propositions
font tres-Catholiques dans le sens de
ces Peres : mais il est vray aussi que
separées de leurs ouvrages, elles pouvoient servir de prétexte contre leur
pensée, pour soûtenir le sentiment
des Pelagiens & des Semipelagiens.
Il falloit, comme il étoit aisé de le
faire, n'en choisir que de celles où
ils ont fait mention de la necessité
de la grace, aussi-bien que du libre

arbitre , telles que quelques autres
qu'il a citées ; mais elles auroient été
trop semblables à celles où saint Augustin fait profession d'accorder le libre arbitre avec la grace , & n'auroient pas été si propres à prouver ,
que la Tradition des quatre premiers
siécles étoit contraire à la doctrine de
ce saint Docteur , comme l'Autheur
avoit entrepris de le montrer.

Bévûës de l'Autheur en matiere d'Histoire.

JE pourrois en faire une assez longue liste ; mais je ne remarquerai
que celles qu'il m'a été le plus aisé
de justifier.

Premiere Bévûë. Un homme un peu
exercé dans la Critique , devoit il
donner le nom de France aux Gaules,
& sur tout à la Provence du tems de
saint Augustin ? Ne devoit-il pas sçavoir que le nom de *France* ne se donnoit alors qu'à un canton de la Ger-
manie au de-là du Rhin , comme on
le voit dans les Cartes ou Tables ap-
pellées Peutingeriennes , faites au plus
tard sous le Regne de l'Empereur
Theodose

Theodose le jeune, & comme saint Jerôme le marque expreſſement? *In vita ſancti Hilarionis.*

Mais du moins il ne devoit pas dire que la doctrine de ſaint Auguſtin étoit combattuë dans le *Royaume de France.* *Pag. 63.* Car ce ne fut que long-tems aprés que les François regnerent en Provence, & c'eſt comme, ſi en parlant du ſixiéme Concile tenu à Conſtantinople, il s'a-viſoit de nous dire qu'il a été tenu dans l'Empire Ottoman : Mais je ne fais cette remarque que par rapport à la qualité de mon adverſaire, qui veut pa-roître un Docte & un Critique de pro-feſſion. Voicy d'autres bévuës qui ont plus de rapport à la matiere dont il s'agit.

Seconde bevuë. En parlant de ceux *Pag. 341.* qui aiderent ſaint Auguſtin à répandre ſa doctrine en Afrique, il met de ce nombre Hilaire & Proſper, Flore, Jâques, Timaſe, Valere, Laurens, Pinien, Paulin, Aurele, Fortunat, Albin, Marcellin, Paul, Eutrope, Oroſe, Nebridius, Alipius, Poſſidius : Et cela, dit-il, aprés que ſaint Augu-ſtin eut expliqué ſa doctrine dans les livres *de la grace de Jeſus-Chriſt, de la grace & du libre arbitre, & de la cor-*

T

rection & de la grace. Il y a icy bien des anachronismes & d'autres faussetez.

Premierement le Tribun Marcellin qu'il met au nombre des Partisans de la doctrine de saint Augustin, étoit mort assûrement dés l'an 413. Comment donc auroit-il pû répandre la doctrine de saint Augustin en Afrique aprés la composition du livre *de la Correction & de la grace*, qui ne fut écrit qu'en 425. de celuy *de la Grace & du libre arbitre*, qui ne fut écrit qu'en 424. de celuy de la Grace de JESUS-CHRIST qui ne le fut qu'en 418. Je ne m'amuserai pas à prouver les Epoques de ces ouvrages, & de la mort du Tribun Marcellin, sur lesquelles il n'y a pas deux sentimens.

Secondement cet Albin ou Aubin, ainsi qu'il luy a plû de traduire, n'étoit point un homme, mais une femme, qu'il devoit appeller Albine: c'étoit la mere de Melanie. C'est à elle que le livre *de la Grace de Jesus-Christ* est addressé aussi bien qu'à Melanie même & à Pinien.

Troisiémement, ces trois personnes n'avoient garde d'être les partisans de saint Augustin en Afrique, puisqu'elles demeuroient en Palestine , comme on le voit par le livre même que saint Augustin leur addresse. Il en faut dire autant de Valere , qui étoit un homme de grande qualité fort zelé pour la doctrine Catholique ; mais qui demeuroit en Italie , & à qui saint Augustin dedia ses deux livres , *des nopces & de la concupiscence.* Il en est de même de Prosper qui étoit dans les Gaules , & que saint Augustin n'avoit jamais vû, comme Prosper le témoigne luy - même dans sa lettre. *Ignotus quidem tibi facie.* Ainsi rien n'est plus faux que ce que nôtre Docteur avance du passage de saint Prosper de l'Afrique dans les Gaules par les ordres de saint Augustin , ou de son propre mouvement, pour y venir répandre la doctrine de son Maître.

Troisiéme fausseté injurieuse à saint Augustin. Que le Pape Boniface frappé de la nouveauté des dogmes avancés par ce saint , l'obligea de rendre compte de sa Doctrine , & à repondre aux accusations de ses Adversaires. Cecy est fondé sur ce que saint Augustin addressa à ce Pape un ouvrage qui contient quatre livres : où il refute deux

T ij

lettres des Pelagiens ; la premiere envoyée à Rome, & que saint Augustin crut d'abord être de Julien : mais celuy-cy la désavoüa depuis ; l'autre de dix-huit Prelats qui favorisoient le parti Pelagien, envoyée à Thessalonique, pour attirer l'Evêque de cette ville-là dans leurs interêts.

Elles avoient été si peu envoyées à Rome pour faire condamner saint Augustin, ainsi que l'avance temerairement nôtre Docteur, que le Pape eut beaucoup de peine à en avoir une copie, & ne l'eut qu'aprés l'avoir fait beaucoup chercher, ainsi que le raconte saint Augustin en écrivant au Pape même. Secondement tout cet ouvrage n'a nullement l'air d'apologie : mais c'est une simple refutation des dogmes Pelagiens.

Quatrieme fausseté. Que la doctrine de saint Augustin sur le libre arbitre a été condamnée par les Papes Innocent & Celestin : cette fausseté pourroit être traitée d'extravagance, tant elle est peu vrai-semblable, & tant elle est combattuë par les monumens de l'antiquité. Que l'Auteur nous dise où le Pape saint Innocent, à qui les Evêques d'A-

Lib. 1. ad
Bonifac. cap. 1.

pag. 52.

frique s'addrefferent touchant les erreurs de Pelage & de Celeftius, a condamné la doctrine de faint Auguftin :
Car ce ne peut-être que dans les lettres
qu'il écrivit à ces Evêques fur ces con-
troverfes. Or il n'y a pas un mot qui ne
foit pour approuver leur doctrine,
c'eft-à-dire, celle de faint Auguftin
qui étoit l'ame de ces Conciles. Et pour
ce qui eft du Pape Celeftin, il n'y a
point de Theologien qui ignore la lettre, qu'il écrivit à quelques Evêques
des Gaules pour la défenfe de ce faint ;
où il dit qu'il eft hors de tout foupçon
en matiere de foy ; & que le faint Sie-
ge l'a toûjours regardé comme un des
grands Docteurs de l'Eglife.

Epift. Cœleft ni ad quofdam Galliæ Epifc.

Mais, dit l'Auteur un peu plus bas,
le Pape Celeftin refufa d'approuver la
doctrine de S. Auguftin. Il le dit fans
doute fondé fur ces paroles qui font
à la fin des dix Chapitres ajoûtés à la
lettre de ce Pape : *Profundiores, verò, dif-
ficilioreſque partes incurrentium quæftio-
num, quas latius pertractarunt qui hæreticis reftiterunt, ficut non audemus contemnere, ita non neceſſe habemus aftruere.*
Mais cela prouve-t-il que S. Auguftin
ait erré fur l'article du libre arbitre,

pag. 632.

qu'il l'ait détruit pour établir la grace
neceſſitante ? S'il l'avoit fait, non ſeulement il auroit été ſuſpect ; mais convaincu d'hereſie, au contraire de ce que
le Pape Celeſtin aſſeure luy-même dans
ſa lettre. Ce n'eſt donc pas de ces ſortes
de queſtions dont il s'agit là , mais de
ces queſtions incidentes , *incurrentium
quæſtionum* , qui à l'occaſion des dogmes capitaux ſe propoſent ou ſe reſol-
vent en paſſant par ceux qui diſputent.
Telle étoit la queſtion de la prédeſtination , au regard des points de cette
matiere , qui n'étoient point neceſſai-
res pour l'établiſſement du dogme Orthodoxe oppoſé aux erreurs des Pelagiens & des Semipelagiens. Telles
étoient les interpretations que S. Auguſtin donnoit à divers paſſages de l'Ecriture , deſquelles on n'étoit pas obligé
de convenir avec luy ; parce qu'on pouvoit y en donner d'autres qui n'étoient
pas moins Catholiques que les ſiennes.
En un mot c'étoit tout ce qui pouvoit être nié ſans préjudice de la Foi,
quoiqu'avancé par luy & par ceux qui
combattoient pour l'Egliſe avec luy.

» Cinquieme fauſſeté. Le dernier ou-
 »vrage, dit l'Auteur , que ſaint Augu-

ſtin mit au jour touchant la prédeſti- «
nation des Saints ayant été envoyé à «
Genez. Que veut-il dire ? Car il n'y a «
qu'un ſeul ouvrage de ſaint Auguſtin
ſous ce titre. Pretend - il que ce ſoit
le dernier qu'il ait compoſé, ou le dernier dans lequel il ait parlé de la prédeſtination ? l'un & l'autre eſt faux.
Car ſaint Auguſtin compoſa aprés celuy-là les ſix livres contre Julien, où
il traite encore la queſtion de la prédeſtination, ſur tout dans le premier.

Sixiéme fauſſeté. Celle-cy eſt tres-
remarquable, parce qu'elle montre ou
la mauvaiſe foy de l'Auteur, ou ſon
peu d'attention dans l'examen de la
doctrine de ſaint Auguſtin. Voicy comme il parle. Cela enfin eſt manifeſte, «
dit-il, (ſçavoir que la doctrine de «
ſaint Auguſtin eſt contraire à la Tra- « *pag. 20. 21.*
dition des premiers ſiecles) en ce que «
voulant ſe défendre de ce reproche «
qu'on luy faiſoit, qu'il avoit été autre- «
fois d'un autre ſentiment touchant la «
prédeſtination & la grace, il dit que «
cela étoit arrivé de ce qu'il n'avoit «
pas encore découvert alors que nôtre «
élection étoit gratuite : *Nondum in-* «
veneram, nec adhuc quæſiveram qualis «

» *fit electio gratiæ.* Or parler ainsi, c'est
» avoüer ingenuëment qu'il est l'inven-
» teur de la prédestination purement
» gratuite ; & qu'il l'a trouvée par son
» industrie : ce qui veut dire la même
» chose.

Qui ne croiroit en entendant ainsi parler cet Auteur, que selon qu'il le pretend conclure, saint Augustin de son propre aveu a été un Novateur. Mais quand on va consulter saint Augustin luy-même, on trouve dans les paroles & dans la conduite de ce Saint, non pas un Novateur, mais un humble Catholique, qui avouë avec sincerité qu'il a erré, & qui se retracte sur un seul point qui en effet est de foy, & sur lequel il avoit eu un sentiment peu orthodoxe.

C'est au premier livre de ses Retractations sur ces paroles qu'il avoit dites dans un de ses ouvrages : *fidem elegit (Deus) in præscientia, ut quem sibi crediturum esse præscivit, ipsum elegerit cui spiritum sanctum daret* : & sur ces autres : *Quod ergo credimus nostrum est, quod autem bonum operamur, illius est qui credentibus dat spiritum sanctum.* C'est sur cela qu'il dit, *Nondum dili-*

gentius quæsiveram, nec adhuc invene-
ram qualis sit electio gratiæ.... profesto
non dicerem, si jam scirem etiam fidem in-
ter Dei munera reperiri, quæ dantur in eo-
dem spiritu Sancto.

Il est indubitable, & tout le monde
en convient, que saint Augustin parle
en cet endroit de la grace de la foy,
qu'il avoit cru devoir être meritée par
nôtre libre arbitre, comme l'enfei-
gnoient les Semipelagiens, & qu'il crut
depuis avec toute l'Eglise, qui en a fait
un dogme, être donnée tres gratuitement à nôtre libre arbitre par la vocation à la foy.

Si nôtre Auteur ne croyoit pas que
cette doctrine fût celle des quatre premiers siecles, il faut qu'il ait pensé que
l'Eglise en la mettant parmi les articles
de foy, est tombée dans l'erreur aussi
bien que saint Augustin. S'il le croyoit,
comme je n'en doute pas, le voila convaincu d'avoir falsifié saint Augustin,
de l'avoir declaré Novateur sur un
point où il est tres-Catholique, & où
il l'a fait passer pour temeraire, au lieu
d'admirer son humilité & sa soûmif-
fion à l'Eglise.

Je pourrois encore remarquer quel-

ques autres méprifes , fur tout touchant la chronologie des ouvrages de
faint Auguftin & de ceux de faint
Profper , & fur celle des differentes
difputes que ces deux Saints eurent
avec les Pelagiens & les Semipelagiens : mais ce que j'ai dit jufqu'à prefent fuffit pour faire connoître le caractere de celuy que je me fuis propofé
de refuter , & combien on doit faire
peu de fond fur les idées d'un homme
fi temeraire & fi peu exàct. Je finirai
par quelques reflexions que je vas faire
fur le plan odieux qu'il nous a donné
de la doctrine de faint Auguftin, & fur
l'affreufe hiftoire qu'il en fait en abregé jufqu'à nos tems, ouvrage digne du
plus déterminé ennemi de l'Eglife , &
dont le projet ne devoit jamais être
formé par un Auteur veritablement
Catholique.

ARTICLE II.

Reflexions sur le plan odieux de la doctrine de saint Augustin, fait par l'Auteur du libelle.

IL est certain, & l'experience le montre, qu'on peut faire de la doctrine de saint Augustin des systêmes tout differens. D'une part il s'exprime nettement en mille endroits, en faveur des dogmes Catholiques qui regardent la liberté & la grace ; & de l'autre il a quelques expressions qui paroissent dures sur les mêmes matieres, de sorte que chacun en juge diversement selon ses préventions.

Les uns le voyant protester si souvent qu'il reconnoît le libre arbitre, qu'il est au pouvoir du libre arbitre de consentir ou de resister à la grace, qu'il n'enseigne sur tout cela que la doctrine des Peres qui l'ont precedé, qu'il demande seulement qu'on luy accorde que ce libre arbitre ne peut faire aucune bonne œuvre sans la grace : les uns, dis-je, le voyant parler de la sorte, & ne pouvant d'ailleurs douter de sa sin-

cerité, sont tres persuadez qu'il a tenu
sur ces matieres la doctrine de ses prédecesseurs, celle que l'Eglise a toûjours établie depuis dans ses décisions
& celle qu'elle soûtient encore aujour-
d'huy si fortement contre les anciens &
contre les nouveaux heretiques ; & de
là ils ont conclu qu'il falloit donner de
favorables interpretations à quelques
propositions un peu trop fortes qui luy
ont échappé dans la chaleur de la dispute contre les Pelagiens & les Semipelagiens, & les prendre non pas absolument, mais par rapport aux dogmes heretiques qu'il combattoit.

Les autres au contraire ont prétendu
que ces sortes de propositions exprimoient ses veritables sentimens, qu'il
les falloit prendre selon toute leur force, que c'étoit la clef de sa doctrine,
que ce qu'il a dit en d'autres endroits
en faveur du libre arbitre, de la resistance que l'on fait à la grace, de la
mort de Jesus-Christ pour tous
les hommes sans exception, doit être
entendu suivant ces regles ; & que ce
que les Theologiens disent communé-
ment sur ce sujet sont des interpretations forcées de son veritable senti-

ment. C'est ainsi qu'ont raisonné les prédestinatiens, Gotescalc, Wiclef, Luther, Calvin, Jansenius & ses Sectateurs.

C'est-là une de ces questions de fait où les preuves qu'on allegue pour & contre peuvent causer de l'embarras : mais aprés tout il paroît qu'on peut la décider sur certaines regles. Je vas dire sur cela mes pensées & proposer une methode qui me paroît assez juste. Aprés quoy je reviendrai à l'Auteur du libelle.

On convient d'abord de part & d'autre qu'il y a de la difficulté à concilier ces divers passages de saint Augustin en les prenant selon toute la force de leurs termes.

Secondement, les Theologiens Catholiques ne veulent pas convenir , & avec raison , que ses ouvrages sont pleins de contradictions, comme ils le seroient en effet , si ces divers passages étoient dans le fond aussi opposez qu'ils le paroissent. Car que l'on prenne d'un côté l'*Augustin* de Jansenius, les ouvrages de Luther, de Calvin & le libelle dont il s'agit ; & de l'autre le livre *de hæresi Janseniana* du Pere De-

champs, les livres du Pere Petau, du
Pere Annat, du Pere le Porc, du Pere
Thomaſſin, ceux de divers Docteurs
de la Faculté de Paris, & de tant d'autres qui ont écrit contre le Janſeniſme;
qu'elle oppoſition, ſi on s'arrêtoit pré-
ciſément à ces citations ſans rapport au
but de ce Pere, qu'elle oppoſition,
dis-je, ne trouvera-t-on point entre
ſaint Auguſtin compilé par les premiers, & le même Docteur compilé
par les ſeconds?

En liſant les uns on penſeroit d'a-
bord qu'il n'a point reconnu de libre
arbitre dans l'état de la nature corrompuë, qu'il a établi la grace neceſſitante, que Dieu ne veut point que tous
les hommes ſans exception ſoient ſauvez, que JESUS-CHRIST n'eſt
point mort pour tous, que les commandemens de Dieu ſont impoſſibles,
même aux Juſtes, & choſes ſembla-
bles: & d'ailleurs on ne peut lire les
autres qu'on ne trouve que le contraire
de tout cela eſt démontré par les paſſages les plus formels.

De ſorte qu'un homme qui ſans
prévention de parti, lit ce qui s'eſt écrit
des deux côtez, ſans bien examiner les

écrits même de saint Augustin dans
leur source, ne sçait qu'en penser & est
tenté de croire que saint Augustin s'est
contredit. Mais pour peu qu'il con-
noisse ce Saint par luy-même, il verra
qu'il n'étoit pas d'un caractere d'esprit à tomber dans de telles contradictions en des points si essentiels & en si
grand nombre. Car enfin, quoi-qu'il
puisse arriver à tout homme, quelque
grand esprit qu'il soit, d'oublier dans
un ouvrage ce qu'il a dit dans un autre
sur quelque point peu important, on
ne se persuadera jamais qu'un Docteur
aussi solide, aussi éclairé, d'un genie
aussi sublime, ait bronché à chaque
pas : qu'il ait soûtenu & combattu le
même sentiment dans un même ouvrage ; qu'il ait pensé le pour & le contre sur des matieres capitales de la foy ;
qu'il ait avancé dans des disputes qui
luy ont attiré de l'admiration dans
tous les siécles, des principes & des
consequences qui s'entre-choquoient
continuellement. Mais quelque jugement que des particuliers croient pouvoir porter sur cette question du veritable sentiment de saint Augustin en
ces matieres, il est necessaire, si l'on

veut mettre fin à cette contestation, &
pour la terminer comme il faut, de
prendre quelque arbitre désinteressé, &
tres-éclairé, lequel ait plus d'authorité
que les particuliers qui disputent entre eux sur ce sujet, & auquel chacun
puisse raisonnablement s'en rapporter.

Troisiémement il ne peut y avoir
d'arbitre qui soit du caractere que je
viens de dire, sinon l'Eglise : il n'y a
qu'elle qui puisse décider ce fait, & à
qui l'on puisse s'en rapporter : & quiconque refusera de le faire, doit être
regardé par tous les Catholiques sincé-
res, suivant la parole de JESUS-
CHRIST, comme un Publicain &
comme un Payen. Or sur cela deux
choses sont constantes.

La premiere, que l'Eglise a anathe-
matisé les dogmes que Luther & Calvin, Jansenius & l'Auteur du libelle
attribuënt à saint Augustin, touchant
la liberté de l'homme dans l'état de la
nature corrompuë, touchant la grace nécessitante, touchant la mort de
JESUS-CHRIST pour les seuls prédestinez & autres pareils dogmes.

La seconde, que l'Eglise a toûjours
reconnu

reconnu saint Augustin pour un Docteur orthodoxe. Or s'il avoit tenu
& soûtenu tant de sentimens qu'elle a
toûjours detestez, s'il avoit introduit
sur tous ces points, qui ont tant d'é-
tenduë dans la Religion une doctrine
contraire aux Traditions des quatre
premiers siécles, elle ne l'auroit jamais
reconnu pour un Docteur orthodoxe. Donc selon le jugement de l'Eglise les sentimens de saint Augustin ne
sont point ceux que Luther, Calvin,
Jansenius & l'Auteur du libelle luy attribuënt.

Cette conclusion tirée en bonne forme est la décision du fait dont il s'a-
git, & si elle est bien tirée, il ne faut
plus disputer.

Je n'ai que faire de prouver contre
Jansenius que l'Eglise a toûjours tenu
saint Augustin pour orthodoxe, car
cet Auteur en convient, & le soûtient
fortement, & je n'aurai affaire là-
dessus qu'au nouvel accusateur de ce
Saint. Mais avant que de raisonner
avec luy sur ce sujet, je ferai en passant & en deux mots un argument contre ceux qui soûtiennent encore les sentimens de Jansenius, parce que selon

eux, ce sont ceux de saint Augustin ;
voicy mon argument.

L'Eglise a condamné les opinions
de Jansenius sur la liberté, sur la grace & sur les autres articles controver-
sez dans ces derniers tems : l'Eglise a
approuvé les sentimens de saint Augustin sur les mêmes matieres ; donc l'E-
glise a jugé que les sentimens de saint
Augustin n'étoient pas ceux que Jansenius a attribuez à ce saint Docteur.
Les foudres qui ont été lancez contre
ceux qui prétendent que l'Eglise s'est
trompée sur le fait de Jansenius, me
dispensent de prouver la premiere proposition, & d'entrer dans une question
qui m'écarteroit trop de mon sujet. La
conclusion que j'en tire sera au moins
démonstrative par rapport aux veritables & sinceres Catholiques, qui en-
tendent la voix de JESUS-CHRIST
par l'organe de leur mere la sainte
Eglise, & cela me suffit. Je reviens à
l'Auteur du libelle, & je vas prouver
contre luy que l'Eglise a toûjours regardé saint Augustin comme un Docteur Orthodoxe sur les matieres du
libre arbitre, & de la grace, & de la
prédestination, & sur d'autres dogmes
de même nature.

Preuves que l'Eglise a toûjours reconnu saint Augustin pour orthodoxe.

I. **S**Aint Augustin a combattu les Pelagiens sous quatre Papes, & à la face de toute l'Eglise, sçavoir sous Innocent I. sous Zozime, sous Boniface, sous Celestin : nul de ces quatre Papes ne l'a condamné, & tous l'ont approuvé, ou par leur silence, ou par leur conduite, ou par leurs decrets, ou par leurs éloges.

Que nul ne l'ait condamné, c'est un fait si notoire, qu'il n'a pas besoin de preuve : & la proposition que l'Auteur *pag. 523* avance sur la condamnation de la doctrine de saint Augustin, par Innocent & par Celestin est si certainement fausse & si destituée de tout fondement, qu'elle ne merite point d'être relevée : mais elle sera invinciblement refutée par l'approbation positive que ces deux Papes ont donnée à la doctrine de saint Augustin, & de laquelle je parlerai bien-tôt.

Je dis en second lieu que quand les

quatre Papes que je viens de nommer,
n'auroient pas expreſſément approuvé
la doctrine de ſaint Auguſtin, le ſeul
ſilence qu'ils auroient gardé là-deſſus
luy devroit aujourd'huy tenir lieu d'u-
ne approbation : Car comme, ſelon
nôtre Auteur, les erreurs de ſaint Auguſtin ſur le libre arbitre, ſur la grace,
ſur la prédeſtination, &c. étoient ſi
groſſiéres & ſi expreſſes, qu'elles ſau-
toient aux yeux de tout le monde, qu'elles étoient viſiblement contre la Tradition, & contre la doctrine reçuë uni-
verſellement de toute l'Egliſe ; eſt-il
poſſible que ces quatre Papes, qui
étoient des Saints & des plus vigilans
Paſteurs que Rome ait jamais eus, fuſ-
ſent demeurez tranquilles ſur une ſi
pernicieuſe doctrine ? S'ils l'avoient re-
gardée comme telle, n'auroient-ils
pas dû animer le zéle des Evêques de
toutes les Egliſes du monde, au lieu de
reprimer, comme fit depuis le Pape
Celeſtin, les entrepriſes de quelques
Prêtres des Gaules, contre la reputation de ſaint Auguſtin ? Eſt-ce que l'hereſie qui aneantiſſoit le dogme du libre
arbitre, ſur lequel l'Egliſe juſqu'alors
avoit été tres-attentive, & qui alloit

au renversement de toute la Morale
Chrêtienne , étoit moins funeste au
Christianisme, que celle qui anéan-
tissoit la grace ? Les Pelagiens n'a-
voient-ils pas leurs partisans à Rome
& dans toute l'Italie , qui faisoient
grand bruit contre saint Augustin ? Ne
representoient-ils pas à tout propos les
terribles conséquences qu'ils s'imagi-
noient pouvoir deduire de la doctrine
que ce Saint opposoit à la leur ? Cependant tous ces Papes demeurent en repos
là-dessus, & ne pensent uniquement
qu'à exterminer le Pelagianisme.

Mais le Pape Boniface , dit nôtre *pag. 26.*
Docteur , obligea saint Augustin de
rendre compte de sa doctrine. J'ai déja
montré évidemment la fausseté de ce
fait. Il faut n'avoir pas lû les quatre
livres que ce Saint addresse à ce Pape,
pour les regarder comme une Apologie , & ils n'en ont pas la moindre apparence.

Il faudra donc qu'il en revienne à
cette ridicule défaite, ou plûtôt à cette
espece de blasphême : *que si on n'a pas* *pag. 61. 62.*
poussé à bout saint Augustin, il y a ap-
parence que c'est à cause des services qu'il
a rendus à l'Eglise. Mais quoy ? ces

saints Papes auroient connivé en une
pareille occasion par égard pour saint
Augustin, sur une matiere de cette importance, où il s'agissoit de ruiner la
doctrine de la Tradition en tant de
points essentiels, & d'établir par tout
les dogmes les plus pernicieux; & parce que saint Augustin avoit fortement
combattu les Manichéens, on luy auroit permis de retablir un des principaux points du Manicheisme, qui étoit
de nier le libre arbitre de l'homme,
que luy-même avoit si bien défendu
contre eux, & de détruire en se retra-
ctant sur un article tel que celuy-là,
tout ce qu'il avoit fait là-dessus en faveur de la veritable Religion ? Cette
pensée peut-elle tomber dans l'esprit
d'un homme de bon sens ? Peut-on,
sans outrager l'Eglise, luy attribuër
une telle conduite ? Saint Augustin
luy avoit-il rendu plus de service &
fait plus d'honneur que n'avoit fait
Origene de son tems ? Et cependant,
quand celuy - cy vint à s'écarter du
droit chemin, comment est-ce qu'elle
le traita ? Combien vit-on d'anathê-
mes lancez contre luy ? Et sûrement
saint Augustin n'en auroit pas évité de

pareils, si l'Eglise avoit eu de sa doctrine l'idée, que l'Auteur s'efforce de
nous en donner.

Mais en la supposant cette idée dans
l'esprit des Papes dont j'ai parlé, ils
auroient porté la prévarication beaucoup plus loin. Car Innocent I. agissoit de concert contre les Pelagiens
avec saint Augustin & avec les Partisans de son erreur. Il ne faut, pour en
être convaincu, que voir les lettres
qu'il écrivit aux Evêques d'Afrique au
commencement de l'année 417. &
principalement la réponse qu'il fit à la
lettre que saint Augustin, Aurele,
Alipe, Evode & Possidius luy avoient
écrite l'année précedente; trois desquels, sçavoir Aurele, Alipe & Possidius sont du nombre de ceux, dont
nôtre Auteur dit que saint Augustin se
servoit pour prêcher ses erreurs en
Afrique. Ce saint Pape neantmoins,
aprés avoir loüé leur zéle contre l'heresie, conclut en disant qu'il a sur ces
matieres les mêmes sentimens qu'eux :
Cum vobiscum totum scientibus parique
nobiscum assensione gaudentibus collo-
quamur.

Pour ce qui est du Pape Zozime, il

fut d'abord prévenu par les Pelagiens,
& écrivit quelques lettres dures aux
Evêques d'Afrique, les accusant d'a-
voir été trop vîte dans la condamnation de Pelage & de Celestius : mais
aprés avoir été mieux informé, il leur
en fit des excuses, & condamna ces
deux Heresiarques sur les memoires
que ces Evêques luy envoyerent.

Enfin le Pape Celestin fit luy-même l'Apologie du saint Docteur de la
maniere du monde la plus forte ; &
déclara que non seulement luy, mais
encore ses Predecesseurs l'avoient toûjours regardé comme tres-orthodoxe.
» Augustin, dit-il, de sainte memoire
» pour l'integrité de ses mœurs &
» pour ses merites, a toûjours été dans
» nôtre communion, & n'a jamais été
» un homme suspect. Nous nous sou-
» venons de sa profonde capacité, qui
» a fait que nos Predecesseurs l'ont
» toûjours mis au nombre des plus ex-
» cellens Maîtres, qui fussent dans
» l'Eglise. Tous donc luy ont rendu
» cette justice. Il a été aimé & honoré
» par tout : c'est pourquoy il faut re-
» primer ceux-cy.

Aprés cela avec quel front & sur

Episc. Celestini
ad quosdam
Gall. Episcop.

quel l

quel fondement l'Auteur a-t-il osé
avancer, sans en apporter aucune preu-
ve, que la doctrine de saint Augustin *pag. 52.*
sur le libre arbitre *fut condamnée par*
les Papes Innocent & Celestin ?

Je pourrois rapporter icy une espece
de Tradition de l'Eglise pour montrer
qu'elle a toûjours regardé saint Augustin comme un Docteur tres-orthodoxe, & me servir pour cela de l'autorité des Papes Sixte III. Felix III.
Gelase, Hormisdas, Boniface II. Jean
II. saint Gregoire le grand, Clement
VIII. & de quelques-uns des derniers
Souverains Pontifes. Je pourrois y
joindre l'autorité d'un tres-grand nombre de Peres qui luy ont succedé dans
la défense de la Religion, & celle de
la plûpart des Theologiens, un desquels & des plus habiles parle ainsi sur
les matieres dont il s'agit : *Multò me-* *Vasquez in 1.*
lius nobis est cum Augustino quàm cum *p. quæst. 89.*
aliis sentire, qui in materia de gratia & *cap. 1.*
predestinatione, inter cæteros Ecclesiæ
Patres, non aliter quàm sol inter minora
sidera præfulget. Mais il me suffira de
dire que l'Eglise dans des Conciles ge-
neraux & dans des particuliers qu'elle
a autorisez, a adopté la doctrine de ce

X

grand saint, sur le fond des dogmes dont il s'agit.

Les canons du second Concile d'Orange sont composez des propres expressions de saint Augustin; & le Concile de Trente dans les siens sur la liberté, sur la grace, sur la perseverance, n'a fait qu'un précis de sa doctrine en suivant le Concile d'Orange, & les Conciles d'Afrique tenus du tems de saint Augustin; sans parler du huitiéme Concile de Tolede, & de plusieurs autres qui l'ont cité avec éloge.

Tout cela supposé, je reprens l'argument *ad hominem* que j'ai fait au nouvel adversaire de saint Augustin. L'Eglise a toûjours reconnu ce Saint pour un Docteur orthodoxe; Or s'il avoit soûtenu des sentimens que l'Eglise a toûjours detestez, s'il avoit nié le libre arbitre, établi la grace nécessitante & combattu la Tradition des quatre premiers siécles, elle ne l'auroit pas reconnu pour orthodoxe. Donc tout le systeme que cet écrivain a fait de la doctrine de saint Augustin est un faux systeme, & digne de l'execration de tous les fidelles. Je viens maintenant à ce que je me suis principalement

proposé dans cet article : & je finis par
quelques courtes reflexions sur le plan
odieux que l'Auteur du libelle a fait de
la doctrine de ce grand saint.

1. Sans avoir égard aux passages
formels de saint Augustin en faveur du
libre arbitre, sur l'accord de la liberté
avec la grace, sur les points à quoy il
reduit la doctrine de la foy, touchant
la prédestination, il n'a fait que transf-
crire, & en divers endroits faussement,
certaines expressions du saint Docteur,
lesquelles étant ainsi ramassées & separées de tout ce qui peut les adoucir,
font un monstre de doctrine qui fait
horreur.

2. Il a pris toutes ces expressions
absolument, & sans rapport aux dogmes heretiques que saint Augustin attaquoit ou ausquels il répondoit ; & c'est
pourtant ce rapport qui est la veritable clef de sa doctrine en cette matiere.

3. Il nous fait regarder les explica-
tions que saint Augustin a données de
ces sortes d'expressions, comme de
fausses subtilitez & de mauvaises réponses qu'il apportoit, pour se déba-
rasser des difficultez qu'on luy faisoit ;
& il en a usé de même à l'égard de saint

Prosper & des autres, qui ont défendu
& expliqué la doctrine de saint Augustin.

4. Il a fait passer pour gens d'une
cabale & d'un parti opposé à l'Eglise,
ceux qui disculpoient S. Augustin contre les reproches des Heretiques ; & au
contraire il soûtient dans tout son livre que plusieurs Heretiques & Novateurs, qui ont paru depuis dans l'E-
glise jusqu'à nos tems, n'ont soûtenu
que la pure doctrine de ce Saint. Tels
étoient les Prédestinatiens, le Moine
Gotescalc, Wiclef, Luther, Zuingle,
Calvin, Jansenius.

5. Il a dissimulé que quand ces Heretiques ou Novateurs ont été condamnez, on a ordinairement distingué leur
doctrine de celle de saint Augustin.
C'est ainsi que le second Concile d'O-
range, aprés avoir formé ses Canons
de divers endroits des livres de saint
Augustin, a condamné les Prédestinatiens en disant : *Aliquos verò ad ma-*
lum divina potestate prædestinatos esse,
non solùm non credimus, sed etiam, si
sunt qui tantum malum credere velint,
cum omni detestatione illis anathema di-
cimus. Or cette erreur étoit une de

pag. 113. 116.
&c.

Capitulo 25.

celles que les Semipelagiens repro-
choient à saint Augustin.

C'est ainsi que Hincmar écrivant
contre Gotescalc avertit ses lecteurs,
de ne se pas laisser imposer par quelques passages de saint Fulgence & de
saint Augustin, dont ce Moine abusoit.
Unde præmonemus quemque lectorem, ne   *Lib. de Præ-*
pravorum hæreat sensibus, cùm in illo-   *dest. cap. 3.*
rum scriptis testimonia invenerit posita
de libris Fulgentii, quòd reprobi præde-
stinati sunt non ad malum sed ad interi-
tum : quæ in libro ad Mominum quasi in
defensione Beati Augustini, sæpius ex-
plicat. Unde non est necesse Catholicis ab
illo hanc beati Augustini excusationem
suscipere : quia satis superque iam bea-
tus Augustinus se hinc excusavit atque
retractando defendit.

C'est ainsi enfin qu'ont fait les Conciles & les Théologiens contre les Novateurs des derniers siecles, en défen-
dant saint Augustin dans le même tems
qu'ils combattoient les erreurs, que ces
Novateurs luy attribuoient. Mais si
nôtre Auteur avoit fait faire cette reflexion à son lecteur, tout son systeme
étoit à bas.

6. Si son livre n'étoit aussi plein de

fauſſetez qu'il eſt, & de fauſſetez ſi aiſées à découvrir, il s'enſuivroit que l'Egliſe, qui regarde S. Auguſtin comme un de ſes plus ſçavans Maîtres, ſur les matieres dont il eſt queſtion, ſeroit elle-même tombée dans l'erreur en approuvant la doctrine de ce Saint par les éloges qu'elle luy a donnez depuis ſon tems juſqu'aux nôtres : & c'eſt l'effroyable concluſion qui ſuit naturellement de ce ſcandaleux ouvrage.

Je ne mets par icy les manieres de parler inſolentes dont il uſe à l'égard de ce grand Docteur. Il faudroit tranſcrire tout le livre, où l'on les voit ſemées preſque à chaque page.

En un mot, jamais livre ne meritra plus d'être flêtri que celuy-là, & je croirois la peine que je me ſuis donnée dans la compoſition de mon Ouvrage bien recompenſée, ſi elle procuroit à ce grand Docteur de l'Egliſe, dont j'ay entrepris la défenſe, une reparation d'honneur digne de luy. J'apprends en l'achevant, qu'un grand Prélat a déja commencé de le venger de ſon temeraire calomniateur.

F I N.

ou de ses ayans cause, à peine de confiscation
des exemplaires contrefaits, de mille livres d'a-
mende contre chacun des contrevenans, dont
un tiers à nous, un tiers à l'Hôtel Dieu de Paris, & l'autre tiers audit exposant, & de tous
depens dommages & interests, à la charge que
ces presentes seront enregistrées és Registres
de la Communauté des Imprimeurs & Libraires de Paris, que l'impression dudit livre sera
faite dans nôtre Royaume & non ailleurs, & ce
en beau papier & en beaux caracteres, conformement aux reglemens de la Librairie ; &
qu'avant que de l'exposer en vente, il en sera
mis deux Exemplaires dans nôtre Bibliotheque
publique, un dans celle de nôtre Château du
Louvre, & un dans celle de nôtre tres-cher &
Feal Chevalier Chancelier de France le sieur
de Phelyppeaux Comte de Pontchartrain,
Commandeur de nos Ordres, à peine de nul-
lité des presentes ; Du contenu desquelles, vous
Mandons & enjoignons de faire jouïr l'exposant ou ses ayans cause, pleinement & paisi-
blement, sans souffrir qu'il leur soit fait aucun
trouble ou empêchement. Voulons que la copie desdites presentes qui sera imprimée au
commencement ou à la fin dudit livre, soit te-
nuë pour duëment signifiée, & qu'aux copies
collationnées par l'un de nos amez & feaux
Conseillers & Secretaires, foy soit ajoûtée
comme à l'Original. Commandons au premier nôtre Huissier ou Sergent de faire pour
l'execution d'icelles tous actes requis & necessaires, sans demander autre permission, &
nonobstant clameur de Haro, Chartre Nor-
mande & lettres à ce contraires. Car tel est nô-

tre

tre plaisir. Donné à Versailles le 18. jour de
Novembre, l'an de grace 1703. & de nôtre
regne le soixante-unième.

Par le Roy en son Conseil.

*Registré sur le livre de la Communauté des
Libraires & Imprimeurs de Paris, No lxxvij.
page 57. conformément aux Reglemens, & no-
tamment à l'Arrest du Conseil du 13. Aoust
1703. à Paris le 8. Janvier 1704.*

P. EMERY.

*Achevé d'Imprimer pour la premiere fois le
15 Janvier 1704.*

Y

9 782329 222981